《世界500强高效管理笔记》

要聪明地领导，不要忙碌地工作

江中原 ◎ 著

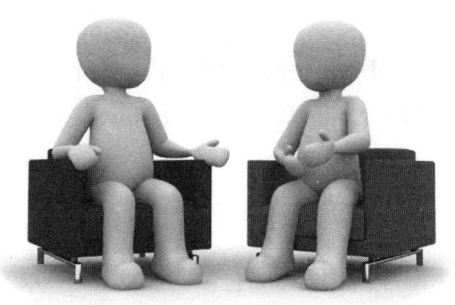

中国商业出版社

图书在版编目（CIP）数据

要聪明地领导，不要忙碌地工作 / 江中原著. —北京：中国商业出版社，2018.7

（世界500强高效管理笔记）

ISBN 978-7-5208-0427-1

Ⅰ.①要… Ⅱ.①江… Ⅲ.①企业管理 Ⅳ.①F272

中国版本图书馆CIP数据核字（2018）第131633号

责任编辑：唐伟荣

中国商业出版社出版发行

010-63180647　　www.c-cbook.com

（100053　北京广安门内报国寺1号）

新华书店经销

北京彩虹伟业印刷有限公司印刷

*

710×1000毫米　1/16　16印张　210千字

2018年8月第1版　　2018年8月第1次印刷

定价：48.00元

*　*　*　*

（如有印装质量问题可更换）

前言

作为领导者和管理者,在组织中随着职位的变化,他所对应的管理职责、管理范围会呈几何倍数增加,相对应的管理复杂程度和难度也呈几何倍数增加,这就造成了职位越高,角色转变和管理难度越大。

同时,业务能力越强的人,他们更加关注自我能力的提升和绩效成就的满足。而作为领导者,则关注于组织成员技能的提升和组织成员绩效的满足,所以两者是相互对立的。正是由于这种对立的情况,导致了业务能力强的员工在进行角色转变和后期的角色管理方面难度加大。很多非常优秀的基层业务人员在进入管理层之后不能尽快适应角色,而很多领导者在进入更高层的管理岗位之后却没有相应的掌控能力,导致整个组织或者企业停滞不前。这样一来,就出现了很多不称职的领导者,而少了很多优秀的专家型人才。

瓦特·利普曼说过:"天才的领导者是这样的,即使他不在场,没有天赋的普通人也可以做好工作。"这句话恰到好处地指出了领导和管理的区别:领导是一个过程,是在一定的社会组织群体内,为实现组织的预定目标,领导者运用组织赋予的权力和自身的影响力来影响追随者的行为,将其引向实现组织目标的过程。而要实现领导的这一过程,先要经过战略性的思考,并把它作为战略计划的手段,然后培养、协调团队成员的个人技巧与能力,同时保持团队作为整体的凝聚力,这样的战略才会使行动更为有效。

在全球范围内，领导力已经成为一个非常重要的问题。很多员工抱怨领导者的不负责，领导者也抱怨员工的不听话，而最新的调查结果显示，只有十分之一的员工认为他们的雇主是尽职尽责的。但是仅靠抱怨不能解决任何问题。

作为一名优秀的团队成员，如何学习、认知、了解、理解并掌握领导角色的转变和管理，对于自己今后的职业发展具有重要的作用和意义。而作为一个已经在岗的领导者，以此有效识别自身的管理风格，调整管理形式，提升管理能力，促进组织绩效的提升，显然具有更加重大的意义。

一项针对领导者自身定位的调研显示，竟然有人认为："只要是到了领导的岗位就能够做好领导，什么都不好干，领导还不好当吗？"显然，这种对领导者的职能定位还停留在非常肤浅的层面上。领导者作为组织的策划者和推动者，如果无法对自身的角色定位有准确的认知和把握，则会对整个组织管控带来严重危害。

"领导"之所以被称为艺术，就是因为领导者所要面对的是一项极其复杂的工作，毫无捷径可言。而21世纪的领导力意味着许多人将在更加严峻的条件下从事领导工作。当今的环境较20年前早已有了巨大的变化，领导者和员工都面临着新的挑战。同时，还会时不时地出现一些变化推助力，比如，新技术的出现、竞争环境的变化、经济的发展等。这些变化也导致了领导力的框架条件不再是传统的、不变的常量。

俗语说："一个木匠不可能用锤子解决所有问题"；同理，没有任何方法能够立竿见影地让一名平庸的领导者变得出色。所谓优秀的领导者，是那些不断寻求更有效的思想、方法并将之付诸实践的人。不能否认的是，现在领导者的日常工作较之20世纪更加繁琐、杂乱，也更具有跳跃性和网络交互性，同时更具有不可预见性。领导力将会是一个永恒的议题，对它的讨论不会停止，而我们所做的这些只是为国内的企业贡献一点绵薄之力。

目 录

第01章 卓越管理之法：先做对的事情，再把事情做对

准确定位领导角色　　002
做正确的事与正确地做事　　004
找准自己的"位置"　　007
放心把事情交给员工去做　　011
巧妙安排时间，提高工作效率　　013
只做需要做的事　　014
追求简单的工作原理　　016
使用术语，只能让别人对你产生厌恶感　　017
省下的就是赚下的　　019
工作中别浪费纸张　　022

第02章 管人与用人：带出一批精兵强将是领导者的头等大事

会选人才能用好才　　026
尽力留住优秀人才　　029
用人不妨适时"中庸"　　033

用人之长，取长补短 035

实行"末日管理"，促进竞争 040

用好另类"能人" 042

让新老员工各自发挥优势 045

对进取心强的员工适当让步 049

第03章　寻求化解之策：把复杂的问题简单化

避免因人设事的陷阱 054

找"中间人"粉碎你与员工之间的那道"墙" 056

下属犯了错，不妨送上美味的"夹心饼" 059

将复杂的问题简单化 060

妥善处理各种人事问题 062

以不同的方法处理与员工之间的冲突 065

对待员工的加薪要求要三思 067

怎样应对下属的小报告 069

说服员工的固持己见 075

轻松应对员工咄咄逼人的谈话 078

怎样应对员工与你的激烈冲突 080

从关键问题入手摆脱被动局面 082

第04章　选择与时俱进：改变旧的管理思维模式

人控与程控的不同 086

力戒"先入为主"的思考方式 089

别过于倚仗家族成员 090

最没有效率的工作是以最高的效率做最没有用的事 093

尊重非正式的团队协作——自组织 097
打破一成不变的管理模式 100
差异化才是公平 102
没有永远的错误,只有不断改进后的正确 104
丢掉背上的猴子 107
执行"精简高效"不容拖沓 112
企业的目的是创造顾客 115

第 05 章　提高管理效能:领导者的自我修炼

让每个员工都赞赏你的品格 120
了解自己是怎样的一个人 123
树立权威,首先我是"老大" 125
让别人喜欢你的七个简单技巧 127
用优秀的个人品质树立威信 130
以你希望别人对待你的方式来对待别人 133
精明的管理者要有精明的头脑和敏锐的感觉 137
放下架子有利于工作的开展 139
用言行提升你的魅力 142
拒绝超出能力的成长 144
用倾听架起沟通的桥梁 147
管理者应具备教练的素质和能力 149
以"高人一等"的标准要求自己 152

第 06 章　最高决策者要对"战略"负责

得战略者得天下 158

战略决策要有大思路	160
认清战略管理的几个误区	163
战略目标与绩效目标不可脱节	172
战略规划不能盲目扩大	175
决策失误导致战略管理失败	177
战略规划需要科学的决策	181
战略定位要恰当	185
发挥自身优势，走专业化发展战略	187

第07章 组织文化管理：企业文化是最根本的竞争力

企业文化与企业战略	192
建设优秀企业文化的关键	194
企业文化与员工创新精神	199
企业文化要不断创新	201
企业家是企业文化的最高缔造者	205
企业文化可提升员工和企业战斗力	210

第08章 领导精进法则：从管理者升级到领导者

领导者要以身作则	216
最重要的工作是提出愿景并激励他人为此而奋斗	218
高明领导者的下属不需要管理	221
以专业知识和决策能力为自己树立威信	225
秒针走得不准，时针就无法走准	227
准确定位领导者角色	230
管理者最重要的角色——"领头羊"	233

目 录

真抓实干比能言善辩更重要	237
管理者的功底越厚越好	239
区别对待解决大事和小事的人物	240
对自己的思维"精耕细作"	242
急于求成是人们最容易犯的通病	244

● 第 01 章 ●

卓越管理之法：先做对的事情，再把事情做对

准确定位领导角色

领导角色，就是指领导者在领导活动中，按照所处的领导地位、身份相一致的权力规范和行为模式要求，扮演着的特定的人物角色。这就是说，领导角色要求领导者应该成为一个什么样的人。

它包括三层含义：一是领导角色是领导者社会地位、身份的外在表现。领导者所处的地位、身份不同，他们所扮演的领导角色也是不同的。这是一个职位要求。二是领导角色是领导者的权力规范和行为模式。不论是处于哪一层次的领导者，组织都对他的权力和行为有着特殊的规定。这是一种组织要求。三是领导角色是人们对处于特定地位的领导者的期待。就是说，人们期待领导者应该成为一个什么样的人。这是一种社会要求。

领导者要注意认清自己的角色性质，做到准确定位，避免角色错位，从而实施正确的领导方法，提高领导艺术和工作成效。

（1）由"运动员"向"教练员"转变

领导职责的变化，要求领导者由"运动员"向"教练员"转变，因为领导的责任主要是出主意、用人。但是，我们有许多企业领导者往往是事必躬亲，什么事情都是自己亲自干，对谁都不放心，这是典型的"运动员"式的领导方式。现代领导观认为，领导应该是一名"教练员"，需要退居"边缘"，实施方略性指导，让下属自己去行动。

运动员与教练员的区别在于：运动员是靠自己成事，而教练员是靠用人成事。所以，高明的领导者都懂得，领导是一门用人成事的艺术，即善于通过组织指导好下属来实施领导。美国管理学家彼得·圣吉在《第五项修炼》一书中提出，21世纪领导的新角色是教师。基辛格也说过："一个伟大的领导人必须是一个教育家，使远见与人们熟悉的现实之间得到沟通。"

教师和教练员的职能是相通的。那么，领导者要扮演好教师或教练员的角色,应该教会下属什么呢?一要培养下属的责任心,二要教会下属行动,三要鼓励下属创新。作为领导者,我们不要忘记自己是一个教育者,要学会由"运动员"的角色方式向"教练员"的角色方式转变。

(2)由"领头羊"向"牧羊人"转变

领导拉动方式的变化,要求领导者由"领头羊"向"牧羊人"转变。领导拉动的方式有两种:个人拉动和组织拉动。个人拉动,主要是靠领导者的个人业绩或精神来带动他人前进,我们把这种领导者比喻为"领头羊"。组织拉动,主要是靠组织形成的合力或惯力来带动他人前进,我们将这种领导者比喻为"牧羊人"。

"领头羊"与"牧羊人"的区别在于:领头羊只能在前面起带头作用,至于后面的羊愿意不愿意跟它走,它也无能为力;如果领导者只充当"领头羊"的角色,充其量是当一个劳动模范,只能发挥出榜样的作用,其力量是有限的。而"牧羊人"身处羊群之外,能够有效地控制整个队伍的行动,能担当起领导的重任,其作用是巨大的。

领导者是领导活动的主体,并不意味着总要位居行动中心,更不意味着领导者应大权独揽、事必躬亲。领导者不是"领头羊"——体力劳动者。领导者要大踏步往后退,退至后面的视野开阔的高地去指明方向。因此,高明的领导者是组织者,他们懂得通过经营一个组织来实现领导,而不是靠个人的单打独斗。

(3)由"船长"向"设计师"转变

领导控制方式的变化,要求领导者由"船长"向"设计师"转变。领导控制的方式一般有两种:一种是直接控制,一种是间接控制。船长是一船之长,他只能在船上就事论事解决问题,所实施的控制方式是直接控制,其影响力是有限的;而设计师是在陆地上设计好可能出现的问题的解决方案,所实施的控制方式是间接控制,其影响力是巨大的。船长与设计师的根本区别就在于:船长是解决问题,设计师是避免问题。直接控制解决问题与间接控制避免问题，在领导效果上是完全不一样的。

邓小平之所以被世人称颂为"总设计师"，就是因为他科学地设计了中国特色社会主义的宏伟蓝图，清晰地勾画了中国的"三步走"战略，为中国的现代化建设及和平崛起指明了道路。21世纪的领导者首先应该是组织系统的设计师，其道理也正在这里。

领导者如何才能成为一个高明的"设计师"呢？这就需要树立避免问题的领导理念。领导者的主要任务是指引方向、规划未来、掌控全局。作为领导者，能够在事后解决问题固然可喜，但能够在事前避免问题的出现才是其应当追求的最高境界。

做正确的事与正确地做事

企业的管理经营之道是要解决两个问题，一是"做正确的事"，二是"正确地做事"。

做正确的事就像是船上的帆，正确地做事则像船上的桨。船帆可以左右船前进的方向，而最终达到预定的目标则离不开提供动力的船桨。

企业战略目标的制定解决"做正确的事"，管理机制解决"正确地做事"。

正确地做事是以做正确的事为前提的，如果没有这样的前提，正确地做事可能就会变得毫无意义。因此首先要做正确的事，然后才是正确地做事。

先瞄准，再射击！没有瞄准的射击是没有意义的！做正确的事决定方向，而正确地做事则决定最终的成败。

英国某家报纸曾举办了一项高额奖金有奖征答活动，其题目如下：

在一只充气不足的热气球上，载着三位关系世界兴亡命运的科学家。

第一位是环保专家，他的研究可拯救人类因环境污染而面临死亡的厄运。

第 01 章
卓越管理之法：先做对的事情，再把事情做对

第二位是核子专家，他有能力防止全球性的核子战争，使地球免于遭受灭亡的绝境。

第三位是粮食专家，他能在不毛之地，运用专业知识成功地种植食物，使几千万人脱离因饥荒而灭亡的命运。

此刻热气球即将坠毁，必须要丢出一个人以减轻载重，使其余的两个人得以活存，请问该丢下哪一位科学家？

问题刊出之后，因为奖金数额庞大，信件如雪片般飞来。在这些信中，每个人皆竭尽所能地阐述着他们的见解。

最后结果揭晓，巨额奖金的得主是一个小男孩。他的答案是——将最胖的那位科学家丢出去。

朋友，你答对了吗？

当人们在讨论应该丢掉哪一位科学家时，无论选择哪一位科学家，他们都有理由认为自己是正确的。可小男孩却是最终的胜利者，他的答案也是最令人信服的。

气球即将坠毁，我们最急需解决的是如何减轻气球的重量问题。因此，我们最该做的事是将最胖的那位科学家扔下去，这才是我们要做的最正确的事。而只有在确保气球不会坠落的情况下再讨论其他的才会有意义，即才能够正确地做事。

在确定做正确的事以后，为了达到目标，我们需根据事情的重要性和紧急程度对事情加以细分，并据此安排处理的先后顺序和工作日程，以实现卓越和高效。而如果没有选择正确的事，我们的行动就会变得没有目的，更糟糕是我们也许会在错误的路上越走越远。

戴尔的电脑公司经过 20 多年的努力，从 1000 美元起家发展为年营业额达 410 多亿美元的全球性大企业。这个商业奇迹的创造者——戴尔电脑公司创始人迈克尔·戴尔在谈到戴尔电脑公司成功的秘诀时说："我们之所以取胜主要是因为拥有一个更好的商业模式。"而这个模式就是著名

的"戴尔模式",或曰"直销"模式。正是依靠这种模式辅以高效率的生产流程和科学化的成本控制管理,才使戴尔公司在个人电脑市场取得了成功。

戴尔选择了做正确的事——直销模式,其目的是想获得这些竞争优势:

第一,按单生产。戴尔根据顾客通过网站和电话所下的订单来组装产品,这使顾客有充分的自由来选择自己喜欢的产品配置。而公司则根据订单订购配件,无须囤积大量配件,免去了资金的占用。

第二,直接与顾客建立联系。戴尔通过直销与顾客建立起了直接联系,不仅节省了产品通过中间环节销售所浪费的时间和成本,还可以更直接、更好地了解顾客的需求,并培养一个稳定的顾客群体。

第三,高效流程降低成本。戴尔通过建立一个超高效的供应链和生产流程管理,大大降低了生产成本。

第四,产品技术标准化。戴尔所经营的技术产品多是标准化的成熟产品,因此该公司总是能让顾客分享到有关行业进行大量技术投资和研发而取得的最新成果。

在确定了这样一个标准后,戴尔开始正确地做事。在全体员工的共同努力下,通过低成本、高效率以及优质服务这三大法宝来保证其战略目标的完美实施。

低成本一直都是戴尔的生存法则,也是"戴尔模式"的核心,而低成本必须要通过高效率来实现。戴尔的生产和销售流程,以其精确管理、流水般顺畅和超高效率而著称,有效地将成本控制在了最低水平。

力求精简是戴尔提高效率的第一准则。公司把电话销售流程分解成简单的8个步骤,其自动生产线全天候运转,配件从生产线的一端送进来,不到两小时就变成成品从另一端出去,然后直接运往客户服务中心。戴尔在简化流程方面拥有550项专利。分析家们普遍认为,这些专利也正是其他公司无法真正复制貌似简单的"戴尔模式"的最主要原因。

此外，注重树立产品品牌和提高服务质量是戴尔的另一个法宝。戴尔不仅拥有一个严格的质量保证体系，而且还建立了一个强大的售后服务网络。戴尔的工作人员不仅通过网站和电话为顾客提供全面的技术咨询及维修指导服务，而且在售出产品后会主动向客户打电话征求意见。

首先确保做正确的事，然后再正确地做事以确保目标的最终实现。听起来很容易，但是做起来却不那么简单。

一位朋友曾经说起这样一件事。有一次，他有幸现场聆听了迈克尔·波特的演讲。尽管波特时不时会有惊人之语冒出，但抱着在最短时间内得到大师真传想法的他并没有听到什么惊天动地的见解和手到病除的良方。

问题在于，从来就没有什么"一抓就灵"的经营之道。当赫赫有名的管理大师波特走下讲台，企业家们发现他们并没有从波特那里得到什么灵丹妙药而怅然离开的时候，错的不是波特，也并非是那些虔诚的企业家。原因就在于理论与现实之间总是存在差距的，而这个差距需要我们自己去缩短。

找准自己的"位置"

曾经有一句话：垃圾放对了位置就是宝物，人也一样。

位置是一门学问。浩瀚宇宙，无数星体，各有各的位置，各行各的轨道，虽然不时有颗流星划过，偶尔有阵流星雨降临，但总体来讲运行非常有序。大千世界，芸芸众生，同样各有各的位置、各干各的事情，虽然不时有点摩擦，偶尔会出现一些纠纷，但总体而言工作、生活都很有序。

领导者在领导企业时必须要找准自己的位置。领导者就是企业里的最高权力代表。因此，领导者对企业里的人和事都能左右，想怎么折腾就怎么折腾，但是在这里我们要规劝领导者应明白自己的位置，领导者要想管好一个企业必须先定好自己的位置，学会换位思考，尽量避免越位、错位、对位、缺位现象的出现。

（1）定位

对于领导者来说做三件事即可。一是定战略。给企业订立一个清晰的可以达到的战略目标，并保持战略的稳步推进和修正；二是用好人。围绕这个战略目标在合适的阶段请合适的人来帮助达成这个目标，并给予完成目标的人以重奖；三是理好财。领导者不但要成为行业的行家里手和企业的管理高手，还应是一位能够让企业资产不断增值的理财高手。具有这样领导者的企业才能享受到事业不断发展的快乐。

（2）换位

孔子曰："己所不欲，勿施于人。"然而在企业管理中我们常常能够看到这样的情况：一切以个人为中心，只顾及自身的感受，而忽略了他人的感受。这就要求我们的领导者进行"换位思考"。只有换位思考才能真正达到双赢，这是极其简单而又非常深刻的道理。只是明白了还不行，一定还要做到，能够做到这点就是不简单，就是伟大。

领导者经常换位是非常有好处的，我们从换位中获得更多我们想不到的东西。如我们把自己看做是自己产品的消费者，能使我们对产品的定价更加合理；如对自己企业的服务方式方法的改进、态度等；如在企业里把自己当下属来考虑的感受，我们在企业的管理人性化方面也就能改善不少。如果领导者经常性地进行换位思考，至少可以获得三个方面的好处：

①视野开阔。换个角度看问题，就不会陷入到片面的主观判断当中。如我们站在山脚下看山顶，是看不清楚上山的路的；而到了山顶看山下，你则会看到上山的路其实有很多。这是因为我们在不同角度看待同样的问题会有不同的结果。

②理解到位。由于在企业里位置的不同，能够调用的企业资源也不同，领导者不能用自己的位置来衡量下属的能力。领导者只要一个命令就

可以解决问题,而如果是部门经理则没有这么幸运,他需要去协调。要是嘴巴再不怎么会说,甚至会得罪人,难以开展工作。

③判断准确。就像我们站在山顶的人能够清晰地看清每一条上山的路一样,判断正确的概率比站在山下的人要容易得多。因为在山下很难看清上山的路,哪条好走,哪条难走,哪条上山最节省时间。换位思考使看待问题的标准多了一条判断的依据。

(3)越位

越位,在企业的管理中我们通常称之为越权。就是越过中间人直接管理人或管事的行为。做了本不是自己该做的事,有点"狗拿耗子多管闲事"的味道。管理得太多说明三个问题,一是领导者怀疑员工确实没有能力完成工作;二是个性刚强,自以为是,什么都能干;三是滥用职权的行为。这会导致下属没有机会展示自己,并提升自己的能力,最终的结果就是离职或忍气吞声、碌碌无为。

领导者经常容易出现两种越位现象:一是决策越位。本来是由副职决定的事,正职非要说了算,副职的威信就没了。或者本来是部门经理就可以决定的事,总经理也要管。二是工作越位。本该副总经理做的事总经理做了,本该部门经理做的事上级领导者做了。

如果领导者不能停止这种越位的行为,将会导致企业的职责不清晰,使推诿现象和不负责任的现象产生,对企业来说只有弊没有利。轻者影响情绪,重者影响上下级的领导关系,甚至影响到企业的正常健康发展。

(4)错位

什么叫错位?一句话就是"种错庄稼耕错田,荒了自己的菜园"。这样的管理就是不干自己的本职工作,干了自己不擅长的工作。在企业里我们经常会看到这样的怪现象:领导者干着经理的活儿,经理干着员工的活儿,员工干着领导者的活儿。

这绝非少数企业的情况,很多企业都是如此。这样的企业什么声音最大？当然是抱怨的声音最大了，为什么？领导者抱怨经理没能力，经理抱怨员工不干活儿，员工抱怨领导者不给涨工资。企业里的人际关系氛围紧张，你想，经理都把员工的活儿给干了，员工干什么去？那不是只有闲谈和聊天，当然是张家长李家短，最后聊到工作的企业、自己的领导者。

（5）对位

有一位 A 企业的领导者找到笔者，与笔者讲述企业怎样才能够具有执行力，并且能做大它。A 企业自成立到今天已经有近 15 年的历史了，目前企业已经有了 300 多人的规模。但是领导者由于一直从事销售工作，忽略了企业的管理，虽然每年都有不错的销售额，可就是做大不起来，于是就从社会上高薪聘任总经理来帮助自己打理企业。可是就在近两年内换了三任总经理也没有将企业的管理和销售提上去，而且这些人都是在其他同行里的企业高层领导。为什么呢？后来这个领导者与这三个职业经理人进行沟通时才发现了一个问题——抱怨。领导者给的权力小，并且处处提防着，也没有给足够的时间来进行调整。这从某种程度上都是由于领导者的本位主义造成的，不是吗？只是考虑自己的感受，不能考虑职业经理人的感受，凡事以自我为中心，对经理人不信任，经理人在自己的位置上不能很好地发挥自己的才能，在这样的氛围中，经理人的离去是正常的。即使你给高薪也留不住经理人的心，迟早都会离开你的企业。

企业留住人才的基础是信任和能力，企业信任我，我有能力做，所以走到了一起。在这里要处理好三个问题：一是文化观念的对接；二是道德价值观的对接；三是事业价值观的对接。领导者要向职业经理人阐述自己的价值观，只有双方彼此认同了才可以一起共事。

（6）缺位

缺位就是本职工作没人做或不能完全做下去。造成本职工作缺位的原因就是领导者经常性的越位、错位所导致的。要想不缺位，领导者就必须要正确地定位自己的职能，在自己的职能上做到高、精、专，境界要高，业务要精，做事要专。

放心把事情交给员工去做

一个人能处理的工作量有限，作为一个管理者，手中的事务总是很多，但是要想在有限的时间内成功做完更多的事其实很简单，那就是放心地把事情交给员工去做。这样一来，即使是你不在的时候，工作也能顺利进行。

此外，要先让每个员工都了解自己的工作。如果故意将事情复杂化，就会产生出很多问题。这种类型的管理者或许是不放心把事情交给员工做，害怕这样一来无形中自我存在的价值就变小了。而其实，管理者把事情交给员工并不表示责任没了，他还是要时常注意工作进度的。

聪明的管理者都会将一些简单的工作交由员工处理，自己则必须在思考新的企划方案、改善现状方面下功夫。换句话说，管理者必须要做一些计划性的工作。如果管理者整天忙于事务而无法对将来作出计划，那么他的工作只能是事倍功半。

某企业业务主管的桌上有着堆积如山的文件，他常常被工作压得透不过气来。而参加完经理教育培训后，他学会了分析工作上的问题，回到工作岗位后马上进行工作的重新分配。首先，把那些自己处理不完的文件做一些详细的说明，经其说明后，每个员工都能愉快胜任了。

主管的桌上再也没有堆积如山的文件了。企业内的工作进行得很顺利，主管还得到了上司的很好评价，说他处理事情比以前更有效率了。

这样一来，这位主管就有充裕的时间去做新计划的推广工作了。让自己轻松胜任工作就是这么简单，管理者只要向员工说明眼前应该处理的文件，然后把事情交给他们处理就行了，这样不仅自己有了充裕的时间去全力策划新工作，而且还提高了整个团队的工作效率，节省了时间，节约了成本，同时也避免了一些摩擦。

但是在实践中，为什么把工作派给别人去做对某些人来说仍然是非常困难的事呢？

下面就是些可能的原因及相关简单可行的解决建议：

（1）不相信别人同样能做好

如果你把一件你可以干得很好的工作派给别人做了，也许就达不到你可以达到的水平了，或者不如你做得那么快，或者做得不如你精细——所以，你求全求美的思想一作祟，你就以为派给别人做，不会做得像你自己做得那般好了。这时候，你就要问问你自己：尽管别人不如你做得好，但是不是也能达到目的了呢？如果不是，你能不能教教他，让他把工作做好呢？

（2）害怕别人取代自己

如果让别人来做你的工作，也许你会担心他们做得比你好，而最终会取代了你的工作。但是，如果你把那些常规性的工作派给别人去做，你自己就可以腾出时间来做一些更富有创造性的工作了。而且，如果你能让你培植的人才取代你的工作，你也就能让你自己再升一级，何乐而不为呢？你应该把工作派给别人去做，教给你手下一些东西，以便给自己腾出时间来从事更为重要、更为紧急或更具创造性的工作。

（3）如果你放弃了你的职责，你将无事可干

因为害怕把工作派给别人做了之后就无事可干了，所以那些握有些小权的人哪怕是芝麻绿豆点大的小事也不愿放手让别人去干。然而，你应该认识到，放手让别人去干一些小事只会有助于你提高处理更大的管理性工作的能力，也会增加你分担老板工作的机会。

（4）你没有时间去教别人如何接手工作

在这一点上，你得明白，你越是没空训练别人接手工作，你自己要干的工作就会越多。事情总要分个先后，教会别人干了，你就多出时间来可

以干别的更为重要的事情了。

（5）没有可以托付工作的合适人选

这是主管们为不分派工作而找的最为常见的理由。这并不是说没有这样一个人可以来承担这项工作，而是这个人如果不是太忙，就是不愿意干分配给他的那件工作，再就是别人认为他能力不够。如果你确确实实想要把工作派下去让别人来干，那么，在你花一番时间作一番努力之后，所有上述的这些困难都是不难克服的。你要对付的第一件事也许就是你自己对此事所持的抵制心态。你到底在担心些什么？如果你确实有理由担心，在你的一个下属工作上出了差错之后，你就会失掉你的工作；或者，在你工作的地方，工作氛围相当糟糕，你担心工作不会有什么起色，这时候，你就得和你的上司谈谈这些情况，从而在分派工作这件事情上得到他的支持。如果你根本没有什么可以担心的，你仍然不愿把工作交给员工去做，那么只能证明你是个喜欢把简单的事情搞复杂的家伙，你就需要好好清理一下脑子了。

巧妙安排时间，提高工作效率

聪明的经理人常能轻松处理完成堆的工作，不是他比别人用在工作上的时间多，而是他是一个时间管理高手。他知道自己在哪段时间工作效率最高，哪段时间处于工作低潮。假如不能做到这些，即使是简单的事情也会变得复杂异常。为了使事情做起来更简单容易就必须订立周密的计划。

（1）在最佳的时间里做事

提高你工作效率的最简单方法是你应该掌握自己的生物节律，知道自己在什么时间工作的效果最好。大多数的经理人在一天内特定的一个小时内能够尽全力工作，或者是在清晨，或者是在午餐前，或者是在大多数员工已经离开、办公室内没有噪音和不会分神情况下的黄昏。在这个"最佳时间"内，他能够完全集中精力，完成已经开始的工作，有时还可以应付两三项工作。

新任管理者常常以为他们的最佳时间是在一天的最后时刻，这时员工都已经离开办公室，他们可以安静地重新开始工作。但是不要片面以为"扫尾时间"就是你的最佳时间，在这段时间内你可以完成所有的案头工作；也不要与你的工作高潮期混淆起来，这段时间你能够从日常的琐事中解脱出来。

（2）巧用私人时间

一旦找出了你能全力工作的那段时间，不要将其作为秘密，要虔诚地来捍卫这段时间。关上你的房门，在门上贴上有你亲笔签名的纸条谢绝来访者并将打来的电话转给别人。把最具挑战性的工作留给这段时间，并让每个人都知道这段时间是完全属于个人的。

为了找出自己的最佳时间，管理者可以在每个周日的晚上提前书写一份时间表。在接下来的五天内，每天预留出不同的一个小时。比如，可以这样来做计划：星期一8：00—9：00，星期二10：00—11：00，星期三11：00—12：00，星期四2：00—3：00，星期五4：00—5：00。

在每天预留出的这一个小时里，你要不间断地进行工作。在这些时间里，最好不要接听电话或者是接见来访者。每完成一个小时，你可以评估一下自己的工作效率。根据工作的情况、工作的业绩和精力水平，确定每个小时的工作效率档次。

这样经过一周后，你就知道了自己的最佳时间是在什么时段。你也可以再重复一周同样的过程来重新实验一次，以便确定自己的最佳时间。

只做需要做的事

简单做事的灵魂就是"只做需要做的事"，这听起来就像废话一样，因为我们谁也不会把精力浪费在不需要做的事情上。但事实果真如此吗？恐怕并不是这样。

"通常，高级经理也是存在类似的问题。他们认为实际上传播信息的惟一来源是自己，他们不明白为什么组织内部会有那么多问题，于是就重新组织、重新构建，引入新方法，因为他们不理解人们为什么感到困惑。许多优秀的人才受到日渐复杂的状况的困扰。"美洲银行技术和操作部主管吉姆·迪克森的这段话指出了企业界的一个普遍事实：我们的公司总是莫名其妙地在变化，很多公司不知就里地从一种管理模式转到另一种管理模式。难道这不是在做不需要做的事吗？但这还只是其中的一个事实。另外一个事实直指管理人员的内心，那就是，"管理人员爱复杂，因为复杂给管理人员带来了有意思的工作内容"。在笔者看来，这里的"有意思"应该是这样的吧：只有当他们做点什么的时候（无论什么事情都可以），才能让上司或者董事会觉得他们在做事（而不是无所事事），或者是让上司感觉到他们不是原地不动。

众多的管理理论给我们的管理人员带来了方便，为他们提供了很多可以随手拈来的工具和方法。于是，我们的管理人员就一直在做着这样的事：

"我们一定要改用分权，以突破瓶颈。"主管们这样说。

一年后，主管们的说辞是："我们一定要改用集权，以提高效率。"

或许第三年又会改回分权制也说不定。谁知道呢？我们的管理人员有时候是很变幻莫测的，就像是伦敦的天气一样。

于是，为了改革而改革，为了做事而做事。管理变成了那些不必要的、累赘的和限制性的财政尺度，变成了那些经常是被热心的人力资源部门（又称人事部）煽动起来的白痴项目，变成了那些虽然出于好意却又过于频繁的"质量意识日"，变成了公司制作的书籍、小册子和录像带，更不要说一些形式的"职员培训"了。

诚然，把做一件事情的速度提高50%、费用降低50%是一个巨大的进步，但如果这件事根本就不值得去做，那么做这件事就是一个100%的错误。

只做需要做的事，就意味着："好的"不一定是需要的！不值得做的，千万别做！其他人都在做的，也别做！

不要以为自己做的每一件事都是最重要的，也不要以为自己做的每一件事都是正确的。你要深知自己是一个管理者，你的每一个决定和决策的正确与否以及是否有必要实施不仅仅是你个人的事，它还牵涉到公司的利益、大家的利益。所以记住只做需要做的事，否则只会劳民伤财、适得其反。

追求简单的工作原理

在开始考虑简单之前，你的工作便已经复杂了。领导艺术大师沃伦·班尼斯说过，领导的任务是激发团队的创造性行为。简单仅仅是工作中自我维持的反馈。

简单化使责任、信任、自由、管理与控制都一目了然，使每个人更多地自主决策——即使世界仍创造着无尽的选择。不要过于天真，简单是一项法则。简单要求你、我和我们为之效力的公司走出决策的幼稚阶段。如果我们能够完成这场转变，每个人便都能够聪明地进行管理工作了。因为，脑力劳动是从我们组织、了解和理解一切要求注意的东西开始的。

如今，简单地工作、简单地做事是每一个企业管理者都在追求的目标。

如果你正在阅读本书，你就能体会到使每件事情井井有条真是太难了，难得超乎想象。简单可能是你从不希望碰到却又必须要接受的挑战。1994年，现代管理学之父彼得·德鲁克在洞悉了大众的集体思考与决定后，决定迎接这一挑战。他说："脑力劳动的生产率尽管很低，但会对知识社会的经济构成挑战。"

正如他常做的那样，德鲁克随后作了进一步的阐述。1998年，他宣称："下一场信息革命提出的问题是：什么是信息？信息的目的是什么？有了信息的帮助，重新界定任务的速度更快了，企业改革的步伐更快了。"

简单是一场信息革命，其任务是使复杂的事情简单明了，创造适当的指令。这种指令鼓励改革、试验、思想产生、革新和学习。这种指令来源于创造条理化的训练。

简单绝不意味着单纯。人们经常会把简单和单纯混为一谈，殊不知"差之毫厘，谬以千里"。简单是一种行之有效的思维方式。

使事情简单化并不意味着更大的工作量，而是要求采取不同的途径工作。你的部下正寻求激发想象力的想法和工具，在秩序和变化之间掌握平衡。这不正是你孜孜以求的吗？

简单要求我们改变游戏规则，走出管理的那一套逻辑，因为它让我们走进了万劫不复的绝境。你需要做的是从人性出发，把一切都简单化。无论你愿不愿意承认，人性的威力都是无穷的：人性总是控制一切。这一点，你无法抗拒。

使用术语，只能让别人对你产生厌恶感

我们都知道医师、律师以及软件工作者最容易得罪人。原因很简单，他们总是认为自己知道的比你要多得多，你应该把事情留给他们去处理。他们经常用一些独特的令人头痛的术语，以恩赐般的语气同你讲话，让你觉得摸不着头脑，最后就只好保持沉默。如果他们的那一套不奏效，或者是你对他们提出质疑，他们就会用一堆更专业的术语把你吓得再也不敢说一句话。每一次，他们——尤其是律师和软件工作者——与你说这些话的时候总是带着这样的口气："它就是需要这么长的时间。不要问为什么，

事情本来就是这样。"如果我们把健康甚至是只有一次的生命交给这样的医生，那简直就是疯了；而同这些律师打交道就是在拿自己辛辛苦苦赚来的钱做赌注；与这样的软件工作者讨论无异于天方夜谭。

但是，当你在讥笑这些医生、律师以及软件工作者时，作为管理者的你也正在公司里扮演着类似的角色。你是医生、律师或者软件工作者，而你的员工则是病人、委托者。你认为自己比你的病人和委托者要在行，于是，你常常作出这样的指示：

（1）确认支持活动与尚存的差距

（2）辨认新的差距

（3）决定年底的阶段评估

评估各阶段完成与否，请运用下列标准：

①完成各阶段具备七大特征，应适用于附件、所列说明；

②解决差距的方案，按照附件记载的方法研究拟订、实施；

③载明最低完成目标的"目标定义"，决定了管理上的完成目标，即若管理上有四种与现状无差距的目标定义以及一种与现状有差距的目标定义，那么该管理的完成目标应为后者。你还有可能经常使用以下的语言：

——"运用使目标明确的作业流程"；

——"确认投入该流程的人，皆为适当的人"；

——"工作上表现团队精神"；

——"一切行动以团队的最高利益为准"。

而与之对应的不那么"术语化"的语言应该是：

"简化作业流程，去除劳师动众的习惯"；

——"容许规划最大限度的自主权"；

——"防止散漫无章现象的恶化"；

——"从管理的角度平衡信息搜集与作业上的本位主义"。

我们的主管们正是这样的——不是在说明问题，而是在表演名词术语脱口秀！

不错，术语能使你显得像那么回事，听起来像是有学问的样子。可是，如果你对医生、律师以及软件工作者对你说的话产生过厌恶之感，换过来思考，你就应该能想到，你的话正在使你的下属对你产生厌恶之感。我们是在公司里做事，而不是在研究所，晦涩难懂的语言丝毫不会帮你管理得更好，你无须卖弄学问，我们需要的是能带来实效的东西。

省下的就是赚下的

彼得·杜拉克曾指出："企业内部只有成本。"因为企业的价值增值直接取决于企业成本的高低，所以企业管理的一项基本任务就是不断地降低成本。说到企业成本的控制，最值得一提的要数日本的丰田公司了。

一般的企业多会提倡节约，但在成本控制时往往会在原料和生产工艺上着手。丰田公司认为，这样进行成本的控制是有限的，而且会受到钢材、油价等众多因素的综合制约，所以企业之间成本控制的差别不会很大。只要是公司消耗的就是成本，所以丰田公司在多方面进行着成本控制。

首先，丰田认为只有通过消灭生产流程中的浪费来达到成本控制的目的，企业才有能够发挥的空间。因此，消灭浪费一直是丰田成本控制的有力武器之一。"杜绝浪费任何一点材料、人力、时间、空间、能量和运输等资源，这是丰田生产方式最基本的概念。"在丰田内部，浪费一般被归结为：质量问题造成的浪费；生产线上等待造成的浪费；加工造成的浪费；过多、过早制造造成的浪费；直接导致库存的浪费；物件搬运造成的浪费；多余动作造成的浪费。

杜拉克认为："当今企业之间的竞争，不是产品之间的竞争，而是商业模式之间的竞争。"随着时代的发展，在进入21世纪之时，欧美汽车制造商纷纷尝试"以兼并重组增实力"的强攻战术，而丰田公司却偏反其道而行之，提出了"CCC21（21世纪成本竞争力建设计划）"，在设计、生产、采购和固定费用四个方面"大规模压缩成本"，比如易斯特（east）和威驰（witz）使用的就是同一平台。这样，丰田就大大节省了新车投产或车型变更时的前期投入，而且"节省了能源"。有人说："丰田这是新瓶装旧酒。"但换个角度来想，性能达到一定程度后人们选的不就是款式吗？

在实施CCC21的过程中，丰田还特别重视细节。在丰田公司的内部，会有好多信件的往来，为了节俭，都是用白纸条贴住原来写过的信封再接着用。这样一个信封可以反复使用，节约了很多成本。一位总务秘书觉得用崭新的白纸条贴过的信封还是有点奢侈，于是建议用电脑打字的废纸来替代白纸。这个合理化建议当即被采用。令人难以预料的是：这个建议一年竟可为丰田公司节约开支10万日元之多。

再比如，每年丰田公司都会在公司的运动场上举行盛大的运动会。运动会场需要用白线画出8条跑道，如果雇外面的人来画白线，虽省事却要花费170万日元。为了减少不必要的开销，公司车辆油漆部的员工主动承担起了一年一度运动会跑道画线的任务，这样一来仅需支付6万日元的原料费就可以了，仅画白线这一项就为公司节省了164万日元。

更让人难以想象的是，丰田公司专管卫生的部门经过仔细观察公司所有卫生间的抽水马桶后得出了这样一个结论——抽水马桶用水过于浪费。为了杜绝用水的浪费，他们会在每一个抽水马桶的贮水箱里放进两块砖头，从而达到节约用水的目的，为公司节省用水开支。

彼得·杜拉克早在20世纪60年代曾经预言：物流领域是经济增长的"黑暗大陆"，是"降低成本的最后边界"，是"第三利润源泉"。在这一点上日本丰田汽车公司仍旧占有优势。其总装厂与零部件厂家之间的平均距离大约为90多公里，通用公司的总装厂与零部件厂的平均距离将近

700公里。近距离很大程度上降低了物流成本，日本企业同时将这种平均距离近的优势转化为管理上的优势。

丰田汽车的销量没有通用公司高，但它是世界汽车行业利润最高的。省下的就是赚下的，丰田节约的概念从大的流程到小的细节，由公司高层到底层员工不遗余力地贯彻执行，这是丰田不可阻挡的原因。

随着社会的发展，利润的创造已不能寄希望于产品价格的上扬，降低成本是追求最大利润最根本的途径。降低成本既是为企业创造利润，也是为用户创造价值。成本的高低水准是企业市场竞争力的一种体现。传统的成本控制只侧重于产品生产制造过程，仅以成本本身控制为主，没有涉及企业的全过程。

构成成本的要素和企业所处的环境是不断变化的，降低成本也是永无止境的。企业成本存在于信息流、物流和资金流的各个环节中，掌握在每一个人手中，无论是生产成本、管理成本还是机会成本，有效控制一个都不能缺少。很少有企业从整个系统的角度分析成本形成的原因及降低成本的方式，从而限制了管理者的视野，束缚了各种潜在的、可能的更有效的成本控制方法的运用。企业要倡导全员成本控制，让每位员工、每个岗位、每道工序都能将成本控制到最低。事实证明，科学决策、技术创新和规范管理是企业降低成本的三大要素，这三个要素的空间越大，所能降低的成本也就越多，企业的利润也就越高。

20世纪60年代初，彼德·杜拉克在《经济的黑色大陆》中就将物流比作"未被开垦的处女地"。随着企业竞争的激烈，现代物流被普遍认为是企业在降低物质消耗、提高劳动生产率之后的"第三利润源泉"，是降低成本的最后边界。现代物流到底有多重要？有人举例说，假如一瓶饮料在市场上可能卖6元，而实际生产成本只有1元，结果企业只能得到1元的利润，剩下的4元哪儿去了？它就消失在运输、仓储等物流过程中。要提高产品的竞争力，节约那"丢失"的4元格外重要。

物流概念，正被飞速发展的现代经济赋予着全新的内涵。企业要想发展，就要有利润，而省下的就是赚下的，所以企业只有跟得上时代的步伐、运用各种方法降低成本，才能够求得更好的发展。

工作中别浪费纸张

公司里堆积如山的文件是怎样产生的，那么多手册是如何出现的？

如果查看一下多如牛毛的企业建议书，你会发现篇幅少于50页的少之又少。甚至在一家公司里，它的员工必须面对管理层制定的多达5大本、每一本都不少于200页的员工工作手册，但是这家公司的员工却用它们来垫饭桌。

简单是什么？简单就是如果不用形成文字一样能达到我们的目的，那么就不要去浪费纸。

一位企业的市场部主管说："我们聘用一名企划主管，然后他再雇用两名副主管以及一名企划专员，于是这本账簿的页数越来越多，内容也越来越复杂，封面也越来越好看，插图也越来越精美，参加会议的人不断增加。想想看，和16人或18人聚在一起，谁能说上一句话？文件堆积如山，永无尽头……"身为公司财务部门资深副董事长的丹尼斯·当汉记得，他曾下令将一台电脑关闭，因为它每天会没来由地打出一堆又一堆文件，已经产生了一堆高达3.7米的无用文件。这些文件包括上千项商品的销售记录，巨细无遗，连一分钱都不放过。主管们觉得有责任要看这些报告，并加以分析，然后彼此讨论，反而没有时间去研究大目标了。

老实说，策略性规划往往已变成一股不健康的力量，它将重点放在了形式与组织而不是实务上。它最显著的特征就是一份又一份的报告。生活变成了撰写一份份的报告，经理们埋头于文件中的顽固态度真的会让高级主管们产生一种错觉，似乎他们只是被雇用来阅读报告的。

甘波尔公司正是一个实行"不必要，就废除"思想的优秀公司。该公司的行动语言，即那套体系的语言，就是那种传奇性的单页备忘录。该公司的一位经理说："这规矩执行得时紧时松。不过，我刚才呈交了一份建议书，要求对我那牌号的战略作几处改动，这份建议书只有一页再加 1/4 页长，可是却被退回来了——嫌它太长了。"

人类破坏了所有的热带雨林，制造出纸张来著书立说，来写 MBA 论文以及其他一切与纸有关的东西。办公室设备不但没有使我们实现无纸化办公，相反，它还增强了我们使用纸张的能力：我们见得多的是用订书器订起来的文件，却很少见到让我们看了不打瞌睡的文件。如果你长达 40 页的工作报告中的 39 页都可以删去的话，那么请只留下那一页，因为另外 39 页都是毫无必要的浪费，而这种浪费简直是一种罪过。

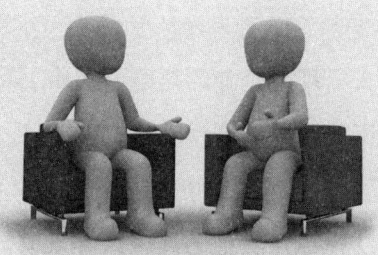

第 02 章

管人与用人：带出一批精兵强将是领导者的头等大事

会选人才能用好才

用人的前提是选人。现代企业的竞争，实质上是人才的竞争。企业要想成就一番事业，先得从人才的选择入手，须知："选好人才能用好才。"

微软公司就以其严格的选才制度而闻名于世。在微软公司成立初期，比尔·盖茨、保罗·艾伦以及其他的高级技术人员都会亲自对每一位候选人进行面试。现在，微软也用同样的方法招聘程序经理、软件开发员、测试工程师、产品经理……为了招聘人才，微软公司每年大约要走访50所美国高校。招聘人员既关注名牌大学，同时也留心地方院校以及国外的高校。1991年，为了雇用2000名职员，微软公司人事部人员走访了137所大学、查阅了2万份履历、对7400人进行了面试。在进入微软公司工作之前，大学生在校园内就要经过反复的考核。他们要花费一天的时间，接受至少四位来自不同部门职员的面试。而且在下一轮面试开始之前，前面一位主试人会把应试者的详细情况和自己的建议通过电子邮件传给下一位主试人。有希望的候选人还要到微软总部进行复试。通过这些手段，微软公司网罗了许多在技术、市场和管理方面的青年才俊，也因此在各大高校中树立了良好的形象、赢得了良好的声誉。

微软公司总部的面试工作全部由产品职能部门的职员承担：开发员负责招收开发员、测试员负责招收测试员，依此类推。面试交谈的目的在于抽象地判定一个人的智力水平，而不仅仅看候选人知道多少编码或测试的知识以及有没有市场营销等特殊专长。

微软面试中有不少有名的问题，比如，求职者会被问到美国有多少个加油站。其实，求职者无需说出具体的数字，只要联想到美国有多少人口，每4个人拥有1辆汽车，每500辆汽车有1个加油站，他就能推算出美国大约有多少个加油站。当应聘者回答此类问题时，答案通常是不重要的，他们分析问题的方法和能力才是微软公司所看重的。

具体来说，总部的面试其实是通过"让各部门的专家自行定义其技能专长并负责人员招聘"的方法来进行的。比如说，程序部门中经验丰富的程序经理从以下两个方面来定义合格的程序员人选：一方面，他们要完全热衷于软件产品的开发，一般应具有设计方面强烈的兴趣、熟练掌握计算机编程的专业知识；另一方面，他们能专心致志地自始至终关注于产品制造的全过程，善于从所有能够想到的方面考虑存在的问题，并且帮助别人从他们没有想到的角度来考虑问题。又比如，对于开发员的招聘，经验丰富的开发员不但要寻找那些熟练的语言程序员，还要求候选人既要具备一般的逻辑思维能力，又能在巨大的工作压力下保持良好的工作状态。

微软公司还要求每一个面试者对每个候选人做一次彻底的面试，并写出一份详细优质的书面报告。这样一来，能通过最后筛选的人员比例相对来说就比较低了。例如，在大学招收开发员时，微软通常仅选其中的10%到15%去复试，而最后仅雇用复试人员的10%～15%，即从整体上讲，微软仅会雇用参加复试人员的2%～3%。

正是这样一套严格的筛选程序，使得微软集中了比世界上任何地方都要多的高级计算机人才。他们以其才智、技能和商业头脑闻名，是公司长足发展的原动力。

日本企业在选人方面也可谓费尽心机，因为他们懂得选人的重要意义：只有选得严格，才能用得准确，提高管理能力，从而收到预期的效果。

日本企业的员工之所以工作积极性高涨，首先就在于企业选人有道。日本一家拉链厂为了选一个车间主任，厂领导先后同应聘的十余位候选人交谈，初步选中一个之后，又把他放到好几个科室去分别试用，试用合格后才会最终留下来。

在选人时，管理者要全面考察一个人的德才学识。德才学识，是一个人的知识和技能统一的表现，在现代信息化的社会中显得尤为重要。

在招考新行员时，日本住友银行总裁出了这样一道题："当住友银行与国家利益双方出现冲突时，你认为如何去办才恰当？"许多人会答："应该以住友的利益为重。"而总裁的评语则是："不能录用。"还有许多人回答说："应该以国家的利益为重。"总裁的评语是："答案合格，不足录取。"仅有少数人回答说："对于国家利益和住友利益不能兼顾的事，住友绝不染指。"总裁这才认可说："这个人有远见卓识，可以录用。"

日本电产公司在招聘人才时标新立异。该公司招聘人才时主要测试以下三个方面：自信心测试、时间观念测试和工作责任心测试。

自信心测试的方法是让应试者轮流朗诵、演讲、打电话，根据声音的大小、谈话风度、语言运用能力来录取。他们认为，只有声音宏亮、表达自如、信心百倍的人才具有工作能力和领导能力。

时间观念的测试方法是，在规定的应试时间内谁来得早就录取谁。另外，还要进行"用餐速度考试"。比如，通知面试后选出的60名应试者在某日进行正式考试，并说公司将在12点请各位吃午饭。考试前一天，主考官用最快的速度吃了一份生硬的饭菜，计算一下时间，他大概用5分钟吃完，于是和其他考官商定：在10分钟内吃完的复试者就算及格。次日12点，主考官向复试者宣布："正式考试一点钟在隔壁房间进行，请大家慢慢用餐，不必着急。"结果，复试者中吃饭速度最快的人不到3分钟就吃完了那份生硬的饭菜。在10分钟之内，已有33人吃完了饭菜。于是，公司将这33人全部录取了。后来，他们大多成为了公司的优秀人才。

责任心测试则是要求新招的员工必须先扫一年的厕所，而且打扫时不能用抹布和刷子，必须要全部用双手。结果，不愿干或敷衍塞责的人就被淘汰掉，表里如一、诚实的人则被录用了。从质量管理的角度看，能够把别人看不到的地方打扫干净的人往往不单单追求商品的外观和装潢，还能注意人们看不到的内部结构和细微部分，从而在提高产品质量上下功夫，养成不出废品的好习惯。这是一个优秀的质量管理者应该具备的美德。

日本电产公司正是采用了上述三招奇特的招聘术获得了适合自己的人才,使得公司生产的精密马达打入了国际市场,资本和销售额增长了几十倍。

从微软和几家日本公司的选才制度上我们可以看出,要选取适用的人才、充分发挥人才的作用,企业就必须根据自身的情况量身定做,通过各种途径招聘优秀人才。在这其中并不一定要遵循什么章法,但优秀的人才自然具备很多共有的出色能力,比如特别擅长某种技术工作等等。找到了具备多种优秀品质、优秀能力的人,你也就网罗到了出色的人才,为合理使用这些人才打下了坚实基础。

尽力留住优秀人才

人才是事业的根本,管理者要不遗余力地将优秀的人才留在自己的企业里为己所用,避免人才的流失。

有这样一个小寓言故事:一只母鸡无意中孵出了一只小仙鹤。小仙鹤和小鸡们一起玩耍、一起生活。慢慢地,小仙鹤长大了,它的个子足足比它的母鸡妈妈高出好几倍。因此,每当大家在一起觅食或者玩耍时,仙鹤都会自觉地承担起放哨的任务。而且,由于它的脖子很长,它总是能够帮助大家找到很多食物。

日子就这样一天天过去了。在仙鹤的保护下,小鸡们从来没有被猎狗掠走过。但让仙鹤感到不太舒服的是,无论自己怎么努力工作,都从来没有一只小鸡对它说过一句感激的话,母鸡妈妈也不曾为它的出色表现而赞扬过它。郁闷的仙鹤终于在一天夜里悄悄飞走了。小鸡们这才发现,没有仙鹤照顾的日子真的很难过。

鹤立鸡群,其作用无人能够替代,遗憾的是作为领导者的母鸡不懂得肯定仙鹤的价值，不懂得珍惜难得的人才，结果导致了人才的流失。

在企业中，20%的优秀人才创造了80%的价值，因此，如何挽留这些稀有的人才并发挥他们的作用就成了管理的一门学问。如果企业对所有的员工都一视同仁，那么这20%的关键人才迟早都会离开企业而去的。所以说，留住对企业来说至关重要的优秀人才、避免人才的流失是每一个管理者的责任。

那么，企业应该如何使优秀的员工在有效的管理下，留人、留心，发挥出最大的潜力呢？

让我们先来看一看世界著名企业西门子是如何留住人才的吧！

西门子作为全球通信业的巨鳄，不仅没有时下流行的"大企业病"，而且在人才流动率上也是同等规模企业中最低的一个。

众所周知，在人才流动频繁的今天，让一个有才能的人守住一个企业是相当困难的事，更别说让很多有才能的人都聚集在一个企业里了。那么，西门子这个科技巨人是靠什么留住人才的呢？

从创始人维尔纳·冯·西门子开始，西门子就营造了尊重并重用人才的企业文化，对人才的重视已经为西门子在全球业界树立了良好的企业形象。这也是吸引优秀人才加盟的重要因素之一。

西门子用人以稳定著称，西门子的每一个员工都有很强的归属感。西门子认为，员工是公司最重要的财富，不管外部环境怎样，企业绝不能亏待员工。因此在全球经济不景气、裁员减薪之风四起的大环境下，西门子没有任何裁员或减薪的计划案，由此树立了"西门子是值得员工信赖和依靠的"好形象。西门子会为员工提供优越的薪资和福利，但西门子并不仅仅依赖于用高薪来留住人才。对员工来说，发展的机会才是最重要的。公司会为员工提供尽可能多的发展机会，帮助员工实现自己的职业目标。

作为全球最大的多元化跨国公司之一，西门子能为员工提供多种领域、性质各异、极其丰富的发展机会。西门子的业务遍及通讯、自动化、机械、能源、医疗等各个领域，遍布于世界190多个国家。公司通过对员工工作内容的扩充，通过内部轮换制度、内部调动等方式为员工的发展提供了无限的机会。

西门子全球人力资源总部副总裁 Goth 先生认为："建立完善的领导和员工发展的体制，是西门子成功的诀窍之一。西门子这么大的公司能凝聚在一起的原因，一是金钱，二是人力。我们的人力资源发展和领导体系建设是成功的关键因素之一。"

由此可见，要想留住优秀的人才，管理者要注意以下几个方面。

（1）培养

企业应该为关键人才提供更多成长和发展的机会，通过频繁、全面的培训扩展其知识面，拓宽其思路和视野，以满足其个人成长的需要。此外，企业还应选拔认同企业价值取向、素质高、有潜力的后备人员，有计划地给予重点培养，逐步形成关键员工队伍的阶梯式结构，从而持续有效地支持企业实现战略目标。

（2）重用

留人的关键在于留"心"，创造良好和谐的企业文化氛围，追求企业与个人的共赢是留"心"的根本。创造有利条件，给予重要任务，把优秀员工的个人优势（比如员工所拥有的核心技术、经验积累、个人声誉、客户关系等）转化为企业优势是保留关键员工的重中之重。

（3）激励

关键员工对组织的忠诚度，受绩效管理、薪酬以及工作环境氛围三个方面的影响，所以激励工作应从这三个方面入手。

通过分析实现战略的成功因素，我们可以确定企业的关键绩效指标，并由此确定关键员工的牵引性绩效指标。从而把他们的主要活动和企业战略紧密结合，保证其绩效贡献直接支持企业的战略。

员工的回报包括经济和非经济两种，又有短期、中期和长期之分，对关键员工的薪酬管理要重点考虑中长期薪酬方案。现在很多公司实施员工持股计划和期权计划正是基于这种考虑。

营造适当的环境氛围，是关键员工发挥高绩效的基础，也是留住关键人才的重要因素。

以瑞恩·韦熏尔为例，这个丹麦人是吉列刀片公司国际业务部的执行总裁。他说："我确实常常会接到一些猎头公司的电话，他们愿意提供更高的薪水。但是，我在这里工作的兴奋感相当于其他公司给我增加30%的薪水。"

肯·阿尔西斯是美国加州太阳微电子公司的世界人力资源负责人。他曾说："现在挣到一笔钱非常容易。但我们的目标是让人们每天忙得有乐趣，当猎头公司给他们打电话时，他们甚至根本就不想去听电话。"这些方法很奏效，该公司的人员跳槽率只有5%。正如该公司的一个高级员工所说："在目前的工作中，我感到很满意。只要我在学习和成长，我就无意离开。"

作为一个明智的管理者，对于关键人才要采取"特殊人才，特殊对待"的原则和方法，才能让他们在自己的企业里安营扎寨。人才也是人，只要领导者能够从心里认可、尊重关键人才，并辅以优厚的激励措施，就能留住他们，并使他们发挥出自己的全部力量。

人才的重要性已经成为共识，在人才流动日益频繁的今天，留住人才、防止本企业的人才流失已经成为管理者日常工作的重要一环。

（1）以诚信留住人才

现在利用围追堵截的办法留住人才是非常愚蠢可笑的，而同员工保持相对开放的联系更有利于企业的稳定性。

（2）建立防护屏障

对于一些至关重要的人才要有特别的措施。现在的猎头公司无孔不入，管理者要特别注意保护公司中下层管理者和技术人员等中坚力量。

（3）要加强本公司人力信息的安全

将内部组织结构和人员分布图限制在一个极小的范围内，可以有效地防止信息流失，还可以防止"猎头"顺藤摸瓜"抓"走人才。

不管如何努力，管理者还是不可能留住所有的人才。

出现这种现象的原因有很多种，有些是你力所不能及的。你想留住的某些人才最终还是要离开的，你不得不接受这一事实。

人才离去的原因有很多：有的是因为对管理者指派给自己的任务不满意；有的是因为管理者没有给他们提供发展的机会；有的是其价值观使然，即使对自己的工作很满意，但在任何企业中他们都不想呆太长时间，内在的驱动力促使他们离开并尝试新的人生经历，"积累点儿经验，然后就走"是他们的内心想法，他们就像是现代社会的游牧部落一样。

当这些人想要离开时，管理者只需祝他们好运并为他们让开道路就是了。这时，苦苦哀求他们留下是不合适的，不但会被别的员工所鄙视，还会扰乱你寻找继任人选的思路。要知道，即使你把整个世界都给他，有些人才还是要离开的。要记住，你不可能满足所有员工的要求、不可能留住所有的人才。

综上所述，管理者必须不遗余力地留住企业的优秀人才、防止人才的流失，但也不要指望留住所有人才。

用人不妨适时"中庸"

一般来说，管理者在主观上都希望自己企业的员工团队是由最出色的人才组成的。但实际上，一个完全由优秀的人才所组成的企业不一定能够成为一个优秀的企业。所以，在用人方面，适时地选择中庸之道也未尝不可。

比如说，现在每年的毕业生的就业压力非常大，常常会出现许多人竞争一个普通职位的现象，其中不乏高学历、高素质的毕业生。为了成功地进入知名的大企业，很多高学历、高素质的毕业生往往会降低标准，应聘一些和自己水平很不相称的职位。而在人才汇聚的招聘现场，企业往往倾向于将优秀人才"尽入囊中"。

比如，如果一家大公司要招聘一个打字员，其职责是录入、处理各种稿件。实际上，一名职业中专毕业的女孩完全能胜任这份工作，而且她会非常热爱这份工作，甚至会高兴地向亲戚朋友炫耀自己在一家著名的大企业工作。但如果该企业招聘一名清华大学计算机专业的毕业生来做这份工作，可能用不了多长时间，他就会感到乏味无聊，失去工作的兴趣，甚至还不如一个普通的中专生做得好。大多数企业都愿意用那些优秀的员工，这是人之常情。但一个完全由优秀人才组成的企业，未必能成为一个优秀的企业。

松下幸之助就主张雇用中等人才，提倡"70%的求才法"。

1910年，松下公司创业伊始，当时，人们的受教育程度普遍较低，其中拥有小学文化程度的人占大多数，高小毕业的人很少，初中、高中毕业生更是凤毛麟角。因此，松下公司所能雇用的员工大多文化水平不高。但是，松下公司总是能够找到合适的人才，而这些人往往不是在学校里名列前茅的好学生。直到1934年，松下才雇了两名专科毕业生。当然，现在的松下人才济济一堂，与当初不可同日而语。

松下在创业初期雇用学历低的人才，一方面是当时的教育状况使然，另一方面则是源自松下的用人理念，那就是用中等人才、用70%的人才。也就是说，对某一个职位松下从不选择任用顶尖的人才，而取中等的、可以打70分的人才来用。

很多人对此不以为然。哪家企业不想招最优秀的人才为自己所用呢？哪一家公司的管理者不以自己拥有的顶尖人才而自豪呢？而松下则认为，问题往往出在这些顶尖人才上。这些人一般比较自负，因此，他们很容易抱怨自己的公司和自己的职位，如"在这种烂公司工作真倒霉"，"这么无聊的工作，一点意思都没有"等等。抱有这种心态的人，必然缺乏工作热忱和责任心，工作起来也未必出色。相反，那些中等的、70%的人才自视不那么高，也比较容易满足。他们会很重视公司给予的职位，会努力地把自己的工作做好。相比于顶尖的员工，这些人反倒比较可取。

松下说："世上没有完满的事情，公司能雇用70分的中等人才，说不定反而是公司的福气，何必非找100分的人才呢？"

在此，我们并不是要否定优秀人才的作用，而是从一个侧面说明，让优秀的人才扎堆儿未必是件好事。

优秀人才的调配不是一件容易的事。因为每个人都有自己的意见和观点，互相排斥和对立的现象时时会发生。虽然企业需要大批的精英，但雇用太多的高级工程技术人员、管理人员不一定对企业有利。因为在企业中，与他们地位相称的职位往往很少，而一旦没有合适的职位，这些优秀的人才很可能就会因不满意而辞职。所以，用人时不妨选择"中庸之道"。为了企业高效地运转，最有效的办法就是在事前进行合理的调配，别让优秀的人才扎堆儿。

用人之长，取长补短

管理者的任务，简单地说，就是找到合适的人，把他们放在合适的地方，然后鼓励他们用自己的创意完成本职工作。在这个过程中，管理者要用人之长，容人之短，还要取长补短，使人才优势互补，达到合理使用人才的目的。

有这样一个经典的小故事：

一个人听说他的一个朋友养了一只非常擅长捕猎的豹子，不禁十分羡慕。他想，要是我也能有一只豹子帮我捕捉动物，那该多好呀！于是，他不惜用一对上好的白璧将朋友的豹子换到了手。

他得了豹子之后非常高兴，于是大摆宴席，请朋友来喝酒庆贺。酒过三巡，他把豹子牵到院子里给朋友们观看。这头豹子长得威武极了。他得意地向朋友夸耀："你们看我的豹子多强壮、多勇猛！它的本事可大了，没有它抓不到的动物！"

从此之后，他非常宠爱这头豹子，给它拴上镀金的链子、系上美丽的丝绸，天天喂它吃新鲜的畜肉。他常常抚摸着豹子的脑袋说："豹子啊豹子，我如此厚待你，你可不要辜负了我的期望啊！"

一天，一只大老鼠从房檐下跑过，他被吓了一跳，急忙过去解开豹子，让它去扑咬老鼠。可豹子只是漫不经心地看了老鼠几眼，一副无动于衷的样子。他非常生气，指着豹子大骂："难道你忘了我是怎么对你的吗？你竟然这样回报我！下次你再这样，我就不客气了！"

隔了几天，他又看到一只老鼠跑过去，就又放豹子去扑。豹子还是对老鼠置之不理。他于是大动肝火，愤怒地拿鞭子狠狠地抽打豹子，边打边骂："你这没用的畜生，只知道享受，什么事也不做，我真是白养你了！"豹子大声嚎叫着，用哀求的眼神看着主人。但他还是用力地鞭打它，豹子的身上起了一道道血痕。

他的朋友闻讯赶来，对他说："我听说宝剑虽然锋利，但用来补鞋却不如锥子；丝绸虽然漂亮，但用来洗脸还不如一尺粗布。豹子虽然凶猛，但捉起老鼠来还不如猫。你怎么不用猫来捉老鼠，放开豹子去捉野兽呢？"

他恍然大悟，听从了朋友的意见。很快，猫把老鼠捉完了，豹子捉了很多野兽，数都数不清。

在这个故事中，主人公一开始不能够"量才适用"，不懂得豹子的长处和才能，才做出了让豹子抓耗子这样荒唐的事。

鲁迅先生曾经说过："如果人要成为完人，恐怕人的数量极其有限；如果书要成为全书才能称其为书的话，那世上简直没有一本书值得去读。"

第 02 章
管人与用人：带出一批精兵强将是领导者的头等大事

人无完人，金无足赤。管理者如果想任用一个各方面都好的人，那么结果只能找到一个平庸的所谓"全才"。在我们的现实社会里，"全才"几乎不存在，从某种意义上讲，每个人都是在某一方面有所专长的"偏才"。

我国著名的数学家陈景润就是这样一个"偏才"，他的生活自理能力很差，如果不是在数学领域发挥了自己的专长，恐怕早已"泯然于众人"了。

杰克·韦尔奇曾经说过："现代科学管理要求管理者必须善于区分具有不同才能和素质的人。"管理者必须善于将"偏才"放在适合他的位置上，使他最大限度地发挥自己的才能。

去过庙里的人都知道，一进庙门，首先看到的是袒胸露腹、笑脸迎客的弥勒佛，而在他的背面则是黑口黑面的韦陀佛。相传在很久以前，他们并不在一个庙里，而是分别掌管不同的寺庙。

弥勒佛热情快乐，所以来庙里进香的人非常多。但他对什么事都满不在乎，整天丢三落四的，没有能力管理好账务，尽管香客如云，可庙里依然入不敷出。而韦陀佛是管账的好手，但他成天阴沉着脸，搞得香客不愿上门，最后门可罗雀、香火断绝。

如来佛祖在查看香火的时候发现了这个问题，于是就把弥勒佛和韦陀佛放在同一个庙里。弥勒佛负责公关工作，每天笑迎八方香客，庙里的香火果然旺盛起来；而韦陀佛铁面无私，锱铢必较，他负责财务，严格把关。由于两人的分工合作，庙里呈现出了一派欣欣向荣的景象。

现实中不乏弥勒佛般热情、有亲和力的人，也不乏韦陀佛般严谨、一丝不苟的人，但如佛祖般有智慧的人却很少。

每个人都是人才，关键是如何使用。只有做到"适才适用"，善扬其长，力避其短，才能发挥出人才的最大潜能，使之创造出惊人的成就。每一个人都应该审视自己的发展空间是否有利于自己的优势和特长的发挥，如果自己本是韦陀佛般严谨的人却被安排迎来送往，这种安排必然会阻碍个人的成长，所以应该积极争取更有利于自己发挥才能的工作岗位。

不仅是"量才适用"，聪明的佛祖还把两个具有互补才能的人编入了一个团队，从而使寺庙欣欣向荣。在组建和管理自己的工作团队时，也应注意尽可能地吸纳有互补性才能的人才，比如在产品创新小组中安排财务人员、在生产小组中安排销售人员等等。具有互补性才能的人员，可以从不同的角度思考问题并提出建议，从而使最终的行动方案更加符合组织的长远和整体利益，更有利于整个组织的战斗力。只有把适合的人放在适合的位置上，并使具有互补性才能的人才团结起来，才能形成一个优秀的团队，最终创造辉煌。

在中国历史上，唐太宗李世民就是个很高明的管理者。李世民登基后，由两位非常出色的宰相辅佐，一位是房玄龄，一位是杜如晦。因唐朝开国不久，许多规章法典都需要制定。在与两位宰相共同研究国家大事的时候，李世民发现，房玄龄能够提出很多精辟的见解和具体的办法，但不善于整理、归纳这些见解与办法；而杜如晦虽然不善于谋划，却善于对别人提出的意见作出周密的分析和决断，使之成为决策及律令。当唐太宗说"非杜如晦来不能决断"时，房玄龄并不会因此而心生嫉妒，而杜如晦也不会为了出风头而另起炉灶，而是最后采用房玄龄的谋划。这就正好发挥了两人的专长。这就是历史上有名的典故——"房谋杜断"。

唐太宗把两个优秀的"偏才"有效地搭配起来，发挥了两人的特长，充分地调动了两人的积极性，使自己取得了前无古人的成就。在晚年总结自己的帝业时，唐太宗曾说，他的才能不及古人，之所以能取得超过前人的成就，关键在于用人。仅从"房谋杜断"，我们就能对他用人的能力"窥其一斑"。这些对我们当今的管理者也不无启迪。

管理者要真正做到"善任"，首先应该从事业的全局出发，充分考虑人才的具体特点，把他放到合适的岗位上。假如不把每个人的才能用到最能发挥其作用的地方去，那对人才是一个压制，对事业是一种极大的损失。

小才大用、大才小用,都不是理想的用人原则。管理者惟有量才适用,才能充分发挥人才极大的能量。

当今社会,管理者只有合理地搭配人才、用好人才,充分地发挥群体优势,才能取得巨大的工作成效。特别是随着社会化大生产的实现,单纯依靠一个人或者一类人已经远远不够了。一个有效的人才群体,必须通过合理的优化组合,才能产生新的巨大的集体能量,才能取得卓有成效的业绩。

管理者不仅要有爱才之心、识才之能,而且还要有容才之量、用才之策;不仅能当好伯乐,更要能当好园丁。

虽然我们不可能聘用到毫无缺点的人,但是我们却可以组建这样一个组织,使人的弱点只是他个人的一点瑕疵,而被排除在他的工作和成就之外,而他的长处却不能得到充分的发挥。一位优秀的会计师,自行开业时可能会因为他不善于与人相处而受到挫折;但如果把他放入一个合适的组织里,让其安心地做业务,则可发挥出其所长。一个小企业家只精通财务但不懂生产和销售,也会遇到麻烦,而在一家略大一点的企业里,一位只有财务特长的人照样可以有很好的生产效率。

应合理搭配各种工作人员,使之在年龄、智能、专业、素质等方面相互补充,组成一个最佳结构。在现代社会里,许多工作都需要许多知识、技能的联合攻关,而不是一个人或一种人所能胜任的。事实证明,如果各种人员搭配得好,就会产生最佳效能,形成新的力量——这种力量和一个个力量的总和有着本质区别。如果搭配不好,就会相互扯皮、相互抵消,造成力量的内耗。每一个人都有自己的性格、脾气,每个人也都有自己的爱好、特长,每一个人还有自己的经历和经验。怎样才能使这些人和睦相处、同舟共济而不发生内耗呢?惟一的办法就是用互补原则去协调他们,用一些人的长处去弥补另一些人的短处。互补原则体现在用人的多个方面,如"专业互补""知识互补""个性互补""年龄互补",长短相配、以长济短，形成多种互补效应的人才结构，才能调动起人们的积极性和创造性。

实行"末日管理"，促进竞争

一个秘密的目标，无法得到参与者和其他人的帮助。将目标解释清楚，让参与者全部都明了，才可以激发他们的热忱，使得他们发挥最大的力量，这是靠压迫所得不到的无限力量。

"末日管理"，即"末位淘汰制"顾名思义，就是说企业的任何管理者和员工在面对市场和竞争的时候都要有一种如临深渊的紧迫感、危机感，都要明白任何一个企业都有其寿终正寝的一天，产品也一样。所以，企业应该明白昨日的成功只代表过去的辉煌。

辩证的"末日管理"理念，形成了一种新的生产经营模式，它可以使企业进入良性循环。这种新理念和运作方式以建立全球性"横向比较"的信息体系为手段，以全员化、立体化、规范化的营销管理体系为支柱，以强有力的人才开发机制为保证，从追求卓越到追求完美，让危机意识成为全体员工的共同意识，让理念支配行动，使企业的生产经营活动始于市场、终于市场。

末位淘汰制是被企业采用最多的优化人员结构的方式。越来越多的企业随着规模的扩大、管理层次的增多，普遍存在员工"人浮于事"的现象。通过末位淘汰制这种强势管理，能够给员工以压力，建立严格的员工竞争机制，有利于调动员工的工作积极性，使公司更富有朝气和活力，更好地促进企业的成长。

"末位淘汰"是对某一范围工作实行位次管理。规定在一定期限内，按一定的标准对该范围内的全部工作人员进行考核并据此排出位次，将位次列在前面的大多数予以肯定和留任，而将位次居于末位的一个或是几个予以否定和降免职。简单地说，"末位淘汰"是将居于末位的工作人员予以"淘汰"。

"末位淘汰"的作用包括以下三点：

第一，可以促使人们竞争、向上。实行"末位淘汰"，凡末位者就要遭淘汰。在这种压力下，人们为了免遭淘汰就会加倍努力。

第二，可以增加工作业绩、提高工作质量。人人都加倍努力，就会多做工作、做好工作，多创业绩、创造佳绩。

第三，可以直接而单纯地优化工作人员队伍。淘汰末位者不是孤立的，而是同时保留比被淘汰者合适的、好的人员，又让出位置给新的比被淘汰者合适的、好的人员。

"末位淘汰"的标准是"末位"，这一标准与上岗人员淘汰的正确标准有着很大的不同。上岗人员只要达不到岗位所要求的基本素质和基本目标，就要淘汰。而"末位淘汰"的标准如果不全面的话，就会出现以下两种结果：

其一，末位者有不胜任、不合格者。实行"末位淘汰"，使不胜任不合格者被淘汰，从而让位给胜任、合格者，以便更加出色、有效地完成工作。

其二，末位者有胜任、合格者。淘汰末位者，会有胜任、合格者被淘汰，对这部分人有失公正，使他们得不到肯定且没有安全感，这就容易引发一系列负面效应，甚至导致企业和社会的不稳定。

但所有这一切不能阻止末位淘汰制的实行，因为它确实使得企业充满了活力，保证了企业的可都持续发展。当然，实行末位淘汰制也要注意以下几点：

首先，目标要明确，且这个目标应该是员工通过努力可以达到的。如果定的目标过高，当员工感到没有实现的可能时自然会产生消极情绪。

其次，目标应该是可行的和可衡量的。在目标已定的情况下，企业管理者一定要经常帮助员工实现目标，例如提供相应的资源、条件、机会和培训等。否则，如果最后由于员工自身原因无法完成工作，员工自己就会萌生退意。

最后，对员工的考核要目标明确、职责分明，考核指标应合理一致，考核过程要严格划一。最行之有效的办法就是提高员工的工作积极性，可以通过以下几种方式来实现：

（1）向员工传达公司对未来的构想

（2）适当加薪

（3）建立完善的业绩管理体系

（4）不断提升员工的工作能力

从目前的情况来看，政府能供给的资金越来越少，靠政府扶持已经到了末路。混合股权的企业越来越多，只要是按传统市场经济规律运作的企业就不可能永葆青春。只有接受市场经济的变革观念，不断学习，与时俱进，不断充实自我，才能跟上时代和社会的步伐。同时，要时时刻刻保持一种如履薄冰、如临深渊的心态，给自己适当的压力，在不断充实自我的同时要保持良好的心态。这样的企业才是健康的企业，这样的管理才是永葆青春的积极管理方式。

实行"末日管理"，使员工时刻充满危机感，保持警醒，使企业的各项工作一直保持高质量运行，从而提高整体的竞争力。

用好另类"能人"

在很多企业中，都有所谓的"刺儿头"，这些人狂妄自负，根本不把任何人放在眼里，但企业的很多事情偏偏离开他们还不行，这些"刺儿头"可谓是另类的"能人"。

怎样处理与这些人之间的关系，如何应对由这样的人所引发的组织冲突，对于管理者来说实在是一个相当有难度的挑战。

通常情况下,这些"刺儿头"的背景对管理者来说是一个现实的威胁。"背景"就是他的资源,可能是政府要员,可能是老板,也可能是你工作中的某个具有重要意义的"合作伙伴"。这些背景资源不但赋予了这类员工特殊的身份,而且也为管理者平添了许多麻烦。

这些"刺儿头"员工在工作中常常有意无意地向管理者和其他同事展现他们的背景,为的是获得一些工作中的便利。即便是犯了错,某些"背景"也可能使他们免受处罚。但是,"背景"这种资源往往在某些关键的时候起着不可替代的作用,用常规的方法无法处理的这类难题到了这类员工手里有可能只是一句话的问题。他们就像管理者身上的"肿瘤"一样,时常担心一旦处理不好会恶化;但真的割掉,又可能会有生命危险,实在是为难。

还有些"刺儿头"往往是那些具有更高学历、更强能力、更独到技艺和更丰富经验的人。正因为他们具有一些其他员工无法比拟的优势,所以能够在工作中表现不俗,其优越感更进一步地凸现了出来。这种优越感发展到一定的程度时,可直接体现为高傲、自负,以及野心勃勃。他们不屑于和同事们交流与沟通,独立意识很强,协作精神不足,不把领导放在眼里,甚至故意无条件地使唤别人以显示自己的特殊性。从工作能力上看,他们中的大部分都是"精英",是领导们倚重的骨干;但从公司管理角度来看,这些人很多时候扮演了一个"组织破坏者"的角色,可能会因此造成其他同事的反感,也可能因为与其他同事越走越远而成为团队冲突的源头。

这些"厉害"的员工,都令管理者十分头痛,该怎样对待这些"厉害"的员工呢?如果将这些员工全部炒鱿鱼以保持组织的纯洁度,那么到最后可能会形成一个非常听话却平庸无比的团队——根本无从创造更高的管理绩效。

毛泽东曾说过:"团结一切可以团结的力量!"把这些"厉害"的人物都团结起来,充分利用这些有强大能力或特殊资源的人,为企业的共同目标去努力。作为管理者，赋予这些另类的能人以重任，不但可以有效地减少组织冲突，还可以让这些拥有各种资源和能力的人积极效力。

1860年，林肯当选为美国总统。有一天，有位名叫巴恩的银行家前来拜访林肯，正巧看见参议员蔡思从林肯的办公室走出来。于是，巴恩对林肯说："如果您要组阁，千万不要将此人选入，因为他是个自大的家伙，他甚至认为自己比您还要伟大得多。"林肯笑了："哦，除了他以外，您还知道有谁认为他自己比我伟大得多的？"巴恩答道："不知道。您为什么要这样问呢？"林肯说："因为我想把他们全部选入我的内阁。"

事实上，蔡思确实是个极其自大且妒忌心极重的家伙，他狂热地追求最高领导权，不料却落败于林肯。最后，只坐上了第三把交椅——财政部长。不过，这个家伙确实是个大能人，在财政预算与宏观调控方面很有一套。林肯一直十分器重他，并通过各种手段尽量减少与他的冲突。

后来，《纽约时报》的主编亨利·雷蒙顿拜访林肯的时候，特地提醒他蔡思正在狂热地谋求总统职位。而林肯则以他一贯的幽默口吻对亨利说："你是在农村长大的吧？那你一定知道什么是马蝇了。有一次，我和我兄弟在农场里耕地。我赶马，他扶犁。偏偏那匹马很懒，老是磨洋工。但是，有一段时间它却跑得飞快，到了地头，这才发现，原来有一只很大的马蝇叮在它的身上，于是我把马蝇打落了。我的兄弟问我为什么要打掉它，我告诉他，不忍心让马被咬。我的兄弟说：'哎呀，就是因为有那家伙，马才跑得那么快的呀。'"然后，林肯意味深长地对亨利说："现在正好有一只名叫'总统欲'的马蝇叮着蔡思先生，只要它能使蔡思不停地跑，我还不想打落它。"林肯的胸襟和用人之道，使他成为美国历史上最伟大的总统之一。

在实际工作中，我们应该学习林肯，把那些像蔡思先生一样"另类"又有强大能力或特殊资源的能人充分利用起来，为企业的发展奠定坚实的基础。

让新老员工各自发挥优势

在企业中,新老员工并存。对于企业里的年轻员工,管理者要妙用手段,挖掘他们的潜力;对于企业的老员工,管理者要对他们善加利用。

在现代企业中,年轻人往往占企业员工的大多数。他们年富力强,有工作热情,是企业的中坚力量。管理者如果能把握员工的特点,善加引导,妙用手段,就可以使他们焕发出无穷的创造力,从而使企业一日千里地发展。

一般来说,年轻人分为三个类型:

第一种人充满事业野心。

第二种人做事得过且过,常想着要自立门户。

第三种人随波逐流、惟命是从,只要求有份工作,不知道理想为何物。

无论属于哪个类型,他们都有一股干劲,只是不懂得如何自我表现、发挥,或根本不愿意发挥。作为他们的上司,引导他们发挥干劲,管理者责无旁贷。那么,应该如何帮助下属发挥干劲呢?

第一,给他们安排一些比较重要的工作。

许多上司习惯于给某些下属安排重要的工作,却从不了解其他下属能否担当同类的工作。长此以往,往往会造成有些员工忙得不可开交,而有些员工则被闲置。

第二,给予下属适当的指导。

有些下属过分急进,误把冲动当作干劲。针对这样的年轻人,管理者应该教给他们一些办事技巧,让他们知道凡事要按部就班,不应乱冲乱撞、坏了大事。

第三,少贬多褒。

年轻人的自尊心极强,被上司称赞时,就会喜不自胜;而被上司批评了,则会没精打采。管理者应当多对员工进行褒扬,他们才敢于更进一步。

对事业有野心的下属,都会积极地向管理者提出自己的建议,盼望得到上司的认同,肯定自己的才能。聪明的管理者,会把这种类型的下属当成一个宝藏,并且懂得善加开采。而愚蠢的管理者,会肆意驳回下属的建议,或者干脆置之不理。对于积极上进的下属来说,这无异于一种侮辱,他会觉得在上司心目中自己只是个隐形人。

当下属主动向你提出工作建议时,管理者应该欣然倾听,眼神要落在对方的脸上,不应左顾右盼。不管他的创意是否有用,管理者都要对他的上进心予以鼓励;尽管不可能立刻将之转化为现实,也应先将他的建议收在档案中。倘若决定采纳他的建议,就要和他一起研究实际操作时要注意的细节。管理者切忌采纳了甲的建议,却拿出来和乙谈论操作事宜,然后再将它交给丙去执行。如此一来,甲将不愿再提出建设性意见,乙也没多大心情去分析事情的利弊,丙则成为不懂思考而只会执行的一部机器。

年轻人虽然在各方面都占优势,但如果缺乏适当的指导,以至于误入歧途,结果不但公司得不到益处,而且会使自己受害更深。因此,管理者应该对年轻的下属进行有步骤的指导,鼓励他们多学、多想、多实践。鼓励下属学习当然不是光凭说话,管理者还要采取实际行动,例如亲自向下属传授一些心得,开办一些短期课程,聘请专业人士前来授课,举办定期或不定期的演讲等等。下属也能因此了解到上司是一个言行一致的人。

对年轻下属,管理者切忌滥用高压的政策。因为,对下属采用高压政策只会培养出以下两种性格的人:反叛性的下属或奴隶性的下属。反叛性的下属对公司会造成或多或少的破坏,除了表面的可见的破坏外,还会造成相当多的后遗症。例如,下属阳奉阴违,表面上替公司工作,实则替其他公司工作,并对本公司作出不利的宣传。奴隶性的下属则惟利是图,没有主见，欠缺主动，久而久之会失去对工作的敏感度，赶不上工作进度。

因为年轻的下属具有未知的潜力，所以管理者往往比较重视他们的价值；然而，管理者常常因此而忽略了中老年下属对公司的价值。忽略了他们，就等于放着眼前的宝藏不用却费劲去发掘未知的资源。

一般来说，由于害怕失去职位，年长的职员往往对工作非常重视，并且具有年轻人不可比拟的责任感。但由于部分工作已经超乎了老职员的能力所及，所以他们的工作效率往往很低，有时无法顺利完成工作，只求对每件事情都有个交代。所以，管理者应该从整个公司的利益着眼，及时对老职员作出一些调整，并在调整过程中注意以下几点：

第一，最重要的是领导干部（管理人员）本身的观念。

企业的组织是达到目的的一种手段，因此，讲究"效率至上"，所以，上司决不能有如下观念——"我真不愿意和他一起工作"，"最好把他调到其他部门去"。

第二，坦诚相对。

直截了当地向年长的下属表示："在工作上我们不能夹杂任何私情。我必须以上司的立场贯彻我的原则，请你们也以下属的立场跟我好好配合。"

上司这种毅然决然的态度是至关重要的。不妨为此和下属进行坦诚的交谈。年长的下属当然知道在工作中不能夹杂任何私情，但是他会因此在心中产生和比自己年轻的上司有一种"沟通"的感觉。

因此，把双方的关系说个明白，就有助于化解不同年龄阶段的人之间那种"生涩的关系"。你可以诚意十足地告诉他："上班时间，我们不要顾虑年龄的问题，只要在各自的岗位上全力以赴地工作；下了班之后，我们可以对等的社会人这个立场进行交往。"

交流沟通之后，上司就要用实际行动来表现自己的决心了。时日一久，这种上司、下属关系分明的习惯就会定型。

第三，上司要有真正的实力。

管理者如果在新进职员之中发现有特殊才能的人（例如拥有发明专利者、精通数国语言者），必定会对他刮目相看。

同样的道理，如果领导者本身拥有某种特殊的技能，年长的下属就不得不承认："在那方面，我实在是望尘莫及。"

领导者拥有这种实力，下属就容易信服，在管理上就更加顺畅了。

从上面的分析，管理者能够很清楚地认识到应该如何处理自己所面临的问题了。

第一，反省自己在组织中的地位。

对于上下级之间的关系，你是不是有明确的认识？上司就是上司，绝不能因为下属比你年长，你就得对他有所顾忌。有的管理者会说："我也知道这个道理，可是每次看到他，我就不得不让他三分……"你是不是也如此"胆怯"，不敢站在上司的立场上，把年长的下属视为一般的下属？

第二，与部属沟通。

对上述有所反省之后，你应该胸有成竹地对他说："站在管理人员的立场，我认为我应该明确：虽然你比我年长，但我还是把你看成与其他下属一般无二……"然后，听取下属对这件事的意见，与他彻底地沟通。

第三，将适当的工作分配给年长的下属。

要注意分配给他的工作必须能够满足下属的自尊心，同时还能发挥他的能力。

第四，一旦离开了工作岗位（下班之后），相对年轻的管理者就应该像尊敬其他长辈一样尊敬年长的下属。

只要管理者对年轻的和年长的员工加以区别对待，使他们发挥各自的优势和长处，就能使自己的企业更有活力。

对进取心强的员工适当让步

进取心强的员工是公司最富有价值的、积极的资产，这一类型的员工往往具有很强的自我表现欲，当管理者无法满足他们实现自我价值的要求时，就会感到自己的价值取向和公司的价值取向存在较大差异，因而抱怨得不到公司充分的重视和支持，而有可能另寻更加重视、更好发挥他们才华的环境。所以，挽留这类人才最简单的方法是作出适当让步，为其提供能够发挥其才华的条件。

获得博士学位后，杰克·韦尔奇进入了 GE 公司。他主要负责 PPO 材料的研制工作，这种新型材料在所制定规格的颜色与延展性上有一些小问题存在，但韦尔奇依然热情工作，努力去克服一个又一个难题。

韦尔奇成功地推出 PPO 材料时，他被公认为 GE 公司塑胶部门一颗脱颖而出的新星，成为众多化工公司关注的焦点，于是有猎头公司开始盯上他了。就在韦尔奇雄心勃勃地要大展宏图之时，他发现 GE 公司存在着严重的官僚主义，首先体现在薪酬管理问题上。年底时，公司给韦尔奇加了 1000 美元的薪水，他为此感到很高兴。但很快，韦尔奇发现无论员工表现好与坏，在工作的第一年终结时，每一个人都会获得 1000 美元的加薪。

生性要强的韦尔奇无法忍受 GE 公司对人才的偏见，他认为既然付出了努力，就应该得到等额的回报。而他相信自己应该获得更高的薪水，所以他毅然向 GE 公司塑胶部门主管提出了辞职。当时位于芝加哥的国际矿物化学公司（IMC）十分欣赏韦尔奇的才华，他们向韦尔奇提出，只要他愿意加入 IMC 做一名化学工程师，他就能获得 25000 美元的年薪，相当于韦尔奇在 GE 公司的两倍年薪。韦尔奇略做考虑，就接受了这个职位。

就在韦尔奇预备动身的这一天，GE 公司副总裁鲁本·加托夫闻讯赶到了塑胶部门。他对这位年轻的化工博士早有耳闻，尤其是他研制出 PPO 材料以后，塑胶部门的业绩直线上升。加托夫意识到，GE 公司应该留住像韦尔奇这样的人才并委以重用，不然对公司是一大损失，同时也会增加竞争对手的锐气。

加托夫找到了韦尔奇，极力劝他留在塑胶部门。他知道年轻人的脾气，便许诺给他以三倍于现薪的薪酬作为他的年薪，工作出色后还有奖励；并且答应他只要他工作再出成绩，就会被委以更多的责任。

加托夫使用更高的薪水和更高的职位使韦尔奇重新回到 GE 公司来上班，他成功了。这个来公司不到一年就想跳槽的小个子青年在之后 40 年内一心一意在 GE 公司工作，并在 1981 年成了公司的总裁，领导 GE 公司雄踞全球企业 500 强中的第一位。

事实证明，GE 公司副总裁加托夫竭力挽留韦尔奇是个英明无比的决定。类似韦尔奇的人才在公司中还有很多，作为一个管理者要尽最大努力去留住这些进取心强的人才。下面是留住这些人才的几个简单方法，相信会对管理者有所帮助。

（1）时常与员工交谈工作，使双方就有关问题达成一致

（2）给人才委以更多的责任

（3）了解员工的思想活动

如果说一个管理者有责任对其员工的思想状况敏感地作出反应，那么虽然难以探测他们心中的秘密，但起码应使员工能够接近自己，并暴露出思想动态。

（4）大胆起用

在任何一个公司，新聘用的刚刚从大学毕业的优秀生最容易跳槽（一般在两年之内）。他们是公司花了很多心思争取到的人才，这样轻易失去会给公司带来许多损失。

（5）对能力突出的人才给予快速提拔

有时候，企业有幸可以得到一个能力极强、以致没有人会怀疑他一定会沿着台阶一直上升的员工。这时，管理者在提拔这个员工时需多动脑筋，如果处理得好，你不仅不会失去他，而且还会给公司带来许多价值与财富。

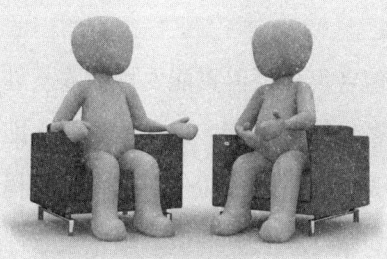

第 03 章

寻求化解之策：把复杂的问题简单化

避免因人设事的陷阱

为什么世间的管理者很多,但真能发挥他人长处者却不多?原因很简单,主要是因为管理者常常陷入因人设事的陷阱,即一般情况下是先有了某一个职位,再物色人选来出任该职位。通常,这样的步骤会引人走入歧途,这是因为物色的对象往往只是一位"最不至于出差错"的人选——也就是"仅合乎最低要求"的人选,其结果难免都是平平庸庸的人选。

防止这一错误最常见的解决办法是"因人设事"。但是此法却比原有的错误还糟,仅是那些规模极小、事务极简的组织可能例外。这是因为职位应该是客观的,职位应根据任务而定,而不应因人而定。

"因人设事"难以解决问题,是因为组织中任何一个"职位"的变更都会造成一连串的连锁反应。组织中的职位都是互相关联的,牵一发而动全身。我们不能为了给某人安插某一个"职位",而使整个组织的每一个人都受到牵连。因人设事的结果势必会造成大家都是"人不适职"的情况。

为什么我们坚持因事设人而不因人设事,这里还有一个微妙的理由。因为只有这样,我们才能为组织选用所需的人选。也只有这样,我们才不能不容忍各种人的脾气和个性。只有容忍了这些差异,内部关系才能保持以"任务"为重心,而不是以"人"为重心。成就的高低应以贡献和绩效的客观标准来衡量。只有在"职位"的设计和划分不以"人"为参照时,这种衡量才有可能。否则,我们就只会注意"谁好谁坏",而忽略了"什么好什么坏":用人的时候,我们也只会问"我是否喜欢此人"或"此人是否能用",而不会问"此人在这一职位,是否最能有所成就"。

因人设事的结果,一是会形成恩怨帮派。任何组织都受不起恩怨帮派。人事的决策必须要保证公平和公正,否则就会挤走了好人,或破坏好人的干劲。同时，组织也需要各方面的人才，否则就会缺乏改变的能力，也难于得到正确决策所需的不同意见。

上面的一番话，可用来说明一件事。凡是能建立第一流经营体制的管理者，对他们最直接的同事及部属都不应太亲密。提拔人才时应以有能力的人为先，而不能凭一己的好恶，所以应着眼于所用之人能有绩效，而不在于所用之人是否肯顺从己意。因此，为了确保选用适当的人选，他们与直接的同事及部属应保持适当的距离。

通用汽车公司的史洛安先生，是可望而不可即的人物。他充满了热情，渴望有密切的人群关系，喜欢交朋友。但他知道，"公事以外"才是朋友。他知道不能受情感的影响，只有保持一份距离，他们才更能建立一个人人各有所长的团队。

避免因人设事的陷阱必须要坚持"不设无人胜任的职位"的原则，虽然职位必须由人来担任，而人总可能犯错。所以说，管理者千万不能设计一个"不可能达成"的职位，换句话说，不能设计一个"常人"做不到的职位。

但也有这样的情况：某个职位定好了，具体要求写在纸上，看起来也非常合理，但这样的职位却永远找不到合适的人选。往往先是由X担任，接着又是Y担任，但最终一个个都失败了。

之所以会有这种悬之过高的职位，通常是因为曾经有了一位"非常人物"，并按照这一人物的特殊天分定下了该职位的条件。于是，这一职位便需要具有多方面气质之人。可是又到哪里去找这样的人呢？一个人也许可以有多方面的知识，也许可以有多方面的技能，但气质却是谁也改变不了的。如果一个职位必须要有特殊气质的人才能胜任，那便注定了该职位是不可能的职位，是一个"坑人的职位"。

原则十分简单：凡是一个职位，先后由两人或三人担任都失败了，这就一定是一个不属于常人的职位。该职位必须进行重新设计。

美国某所大学的校长，就曾是一个"不可能"的职位。曾经有不少人出任过该校的校长,可是能成功胜任的人简直少之又少。历任校长,过去在其他大学担任校长时都非常成功,但在这所学校却失败了。

在许多跨国性大企业机构中,有不少都设置了专管国际业务的副总裁职位。刚开始时,单独一个副总裁这一职位也许还能找到合适的人选。但国外分公司的产销业务成长到相当程度时,也许是成长到总公司产销总额的1/5以上时,"国际部副总裁"职位便成为一个"坑人"的职位了。要解决这个问题,不是按产品类别来调整组织,便是要按市场的社会和经济背景来调整组织,例如:可将国际部副总裁分设为三位,一位管高度发达国家(美国、加拿大、西欧、日本)的业务,一位管发展中国家(拉丁美洲、澳洲、印度、远东一些国家)的业务,另一位则管其余待开发地区的业务。有很多化学工业公司,就是走的这条路。

所以,有效地管理人,首先必须要把握各项职位的妥善设计。一旦发现某一职位设计不当时,应立刻进行重新设计,而不是到处网罗天才来担任。组织的良莠不是由天才来验证的,惟有"常人"能够完成"非常之事"的组织,才是好的组织。

找"中间人"粉碎你与员工之间的那道"墙"

一位企业家曾给一个大型广播出版集团的部门主管们讲述过一个关于如何简单处理那些比较难缠的员工的故事。

这个企业家所主管的是该集团比较有影响力的一个部门,他手底下有作家、编辑和画家。这些人都非常有才华、有创造性并且富有经验,但是,他们也经常稍有不满就会大发脾气。要管理好这些人首先必须要有耐性,其次要有一定的技巧和战术,而后者则是这位企业家所最不擅长的。他刚刚被调入集团领导层不久,所以一开始不便于对一些事务说些什么。

第 03 章
寻求化解之策：把复杂的问题简单化

几个月以后，他发现有一个编辑经常在一些重要的编辑方案上磨磨蹭蹭。于是，这位企业家就提出要在近期内看到一些他所编辑的文字。出人意料的是这位编辑耸了耸肩，说了一个不能称之为借口的借口。由于首次出击就遭受了挫折，这位企业家决定压一压那个编辑的锐气，便用以势压人的口气说："你必须按照我说的去做，因为你是在为我工作。"

没想到这位编辑回答说："你想得倒美。我根本就不是在为你工作，我是在为公司工作，你只不过是凑巧被公司安排过来成了我的上司而已。"

企业家把这位编辑随口说的话再三品味，终于悟出了其中的道理。如果一个管理者的权威是以员工忠诚地为他工作为基础的，那么，如果员工不是在忠诚地为他工作的话，就说明他在员工的心目中没有威信。因此，也就谈不上对这个员工使用权威了。作为一个管理人员，你不可能让所有的人都拥护你，不管出于什么原因，总会有人恨你、有人怀疑你。有时，即使有些人一开始对你非常支持、忠心不二，但他们随时可能会收回对你的忠心和支持。这些人，如果他们不对你表示支持的话，那么他们就会对你表示反对。这位企业家是一个十分聪明的管理者，他设法使自己最终从这种对抗中走了出来，巧妙化解了与员工之间的矛盾。

那么，他究竟怎样处理这个问题呢？后来，他这样说：

"如果有人明确地告诉你说，他不是在为你工作，那么他就是在明确地告诉你，你在他心目中根本就没有任何位置，他在你和他之间竖起了一道墙。因为他认为，和你在一起工作很不愉快。这不能说完全是一件坏事，从另一个角度来看也许是一件好事。那位编辑在教我怎么用智慧或者别的什么东西来对付他。情况是很微妙的。由于工作关系，我不可能不和他打交道。因为他是编辑，我总得要叫他做些什么。如果这个问题不解决，我对他直接提出要求的话，他总会找到借口来对抗我。如果我以权力压他，那么他可以阳奉阴违，我在他那里根本就没有什么权威可言。我该怎么办呢？

"后来，我终于找到了一个办法。从那时起，如果我有什么事情需要那位编辑来做的话，我绝对不会直接向他提出来，也不会让别人告诉他我希望他做些什么。我会找一个关系跟他比较好或者是他比较敬重的人，由这个人来向他提出建议或者暗示他应该怎么做，让他认为这都是这个中间人的主意。通过这种办法，我毫不费力地达到了我的目的。

"无论如何，我来这个部门，不是为了跟别人闹矛盾的，而是来工作的。只要能够把工作做好，能不能施展手中的权力倒是次要的。在别人心目中是否有权威，也是次要的。毕竟，你不可能让所有的员工都喜欢你、拥护你，并且忠心耿耿地为你工作。"

如果你现在正在从事管理工作，那么知道这一点是非常重要的。每一位新管理者都必须能够辨别谁在支持你、谁在反对你。只有这样做了，才说明你在经营管理方面是谨慎而明智的。当然，情况也并不全是像那位企业家说的那样，不是每个人都会当面直言他是你的朋友或者敌人。但是，无论是敌还是友，他们都会通过种种方式向你表明，你需要通过他们言行中所流露出来的蛛丝马迹来揣测他们对你的态度。通过以下几种情况可以辨别出别人对你的态度。

（1）他们描述自己职责的方式。

（2）他们所喜欢的头衔，如果他们把你视为对手，那么，当你称他们为某某助理或者某某副手时，他们就会很不高兴。

（3）看他们在汇报和介绍自己的工作及活动时，详细到何种程度（也许他们根本就不想让你知道他们的情况）。

（4）当你对他们专业范围内的事情进行干预时，他们会以这是他们所专有的领域加以抗拒，会表明你无权在这方面进行干预，或者说你根本就没有发言权；如果不是这样，那么他们就是在向你表明，他们是你的朋友，而不是你的敌人。

（5）在会议上或在一些公开场合，他们如何向人介绍你，如果他们是你的拥护者，他们就会坦言你是他们的老板或上司，他们是在为你工作，而且会在别人面前大肆宣扬。而如果他们是你的对头，介绍你的时候往往会以比较婉转的官词搪塞过去。

在你与员工之间不幸地垒起对抗的"墙"时，找"中间人"粉碎这道墙则不失为简单而奇妙的方法。

下属犯了错，不妨送上美味的"夹心饼"

下属做错了事，理所当然要受到批评和惩罚，但如何处理得恰当、得体才不至于造成不良的影响呢？这是许多管理者感到十分棘手的问题。这里有一个极其简单的妙方：有褒有贬，在批评他的错误和指出其不足的同时肯定他某些成功的方面。乔治·本在这个技巧的运用上是位专家，他所发明的"夹心饼"法真是让人拍案称绝。这种方法就是，把你所要批评的东西作为一种馅，放在两件值得表扬的事中间，做到有褒有贬，最后往往是效果良好。

乔治·本经营一家广告策划公司，他的职员中有位叫琼斯的年轻人经常上班迟到，有时甚至长达半个小时之久。乔治·本为了批评琼斯上班迟到的坏习惯，就采取了"夹心饼"的方法。他把琼斯叫到了自己的办公室，当琼斯刚踏进他办公室大门的时候，乔治·本就礼貌地站了起来，欣喜地告诉他："你这几天的工作成绩很不错，有几项广告创意被大公司重金买断，反响很不错，你实在是公司不可多得的人才。"这是乔治·本所做的"夹心饼"最上面的一层。

接下来是里面的馅——应该批评他了！"琼斯，有一家公司听说你的策划很具特色，想和你单独谈谈，昨天他们的一位公关人员一上班就打来了电话，当时你还没到公司。今天早上，那人又亲自来了一趟，可是等到八点二十你仍没来,他还以为你有什么急事不能脱身,今天不上班了呢!"乔治·本终于亮出了馅。接着其又不失时机地说:"你上班总是迟到,联系人来了见不到你,正常业务无法进行,这对你自己的工作是一种损失,对公司的利益也是一大损失。因此,我希望你能按时上班,不要给其他员工偶尔的迟到提供借口。"

话说到这里,馅已经做完,只剩下最后一层了。乔治·本又强调道:"你作为公司的骨干人员,的确为大家带来了不少的利益,公司不能没有你,我希望你能明白自己的位置,我们大家对你都寄予了厚望。"

显而易见,上面所举的"夹心饼"例子,就是把要批评的事作为馅夹到两件值得表扬的事之间,这样不至于让受批评者感到尴尬和难堪,从而能在内心深处对这种批评加以接受,同时又不会伤害职员的自尊。受批评者既明白了自己的错误之所在,又认识到自身存在的重要性,就会认真改正错误,也会更加努力地工作。

假如新管理者当着公司员工的面直接批评道:"琼斯,不要以为你工作得出色就可以随随便便迟到。从现在起,再也不许做违反公司规章制度的事情了!"其结果可想而知。一个出色的员工也许就会弃你而去,这不仅对你是种损失,更重要的是这对整个公司也是一个巨大损失。

将复杂的问题简单化

能简单的时候就不要复杂,复杂不仅不能证明你能力的高深,反而会衬托出你的平庸和无能。本来一句话就能表达清楚的问题,何必说十句呢?况且另外九句话只能让人感到疲倦和厌恶。

有些管理者偏偏喜欢长篇大论,你想谁会有时间去阅读一大堆记不住的、乏味的计划书呢?计划应压缩成只有一页纸长短的、有力的、实用的、可张贴的以及令人难忘的文字说明。如果能够把计划中的要素清晰地定义出来，那么即使是最复杂的战略也可以用一页纸的篇幅完整地表达出来。

总之，企业管理不必太复杂化，使事情保持简单是企业发展的要旨之一。把复杂的问题简化成简单的问题加以解决，是管理者的明智之举。

宝洁公司的制度就具有人员精简、结构简单的特点，并且该制度与其雷厉风行的行政风格相吻合。管理者制定了"深刻明了的人事规则"，它得到顺利的推行并获得了良好的评价。而最能体现这种简洁明了的效率就集中体现在该公司的"一页备忘录"原则上。

所谓"一页备忘录"是指尽量精简公司所有的报告文件，以尽可能简练的语言来描述公司的现状和未来的发展趋势，其内容会随着具体情况的变动而增加或减少。这一风格可以追溯到该公司的前任管理者理查德·德普雷。

理查德·德普雷强烈地厌恶任何将简单问题复杂化的做法，所以，他十分反感那些超过一页的备忘录。他通常会在退回一个冗长的备忘录时加上一条命令："把它简化成我所需要的东西！"如果该备忘录过于复杂，他会加上一句："我不理解复杂的问题，我只理解简单明了的东西！"他认为，管理者的工作任务之一就是教会别人如何把一个复杂的问题转化为一系列相对简单的问题。只有这样，才能既提高管理者自身的工作效率，又能更好地指导下属着手后面的工作。

MIS（管理信息系统）的扩散和预测模型及大量员工之间无休止的较量导致了解决问题过程中的"政治化"，这些进一步增加了不稳定性因素，而"一页备忘录"则解决了很多问题。首先，只有少量的问题有待讨论，那么复核和使其生效的能力将大大加强。其次，建议条目按序展开，简洁、易懂。总之，"一页备忘录"使企业的管理远离了模糊和凌乱，并因简洁明了的积极作风为公司带来了令人欣慰的高效率。

妥善处理各种人事问题

在处理人事问题时，抓错重点和做错事没什么两样，都会让管理者很快陷入到困境中。人事问题的重要程度各不相同，当问题不止一个时（事情常常如此），最简单、最关键是要解决最严重的问题。以下几条建议可供借鉴。

（1）当员工得罪重要的客户时，你要慎重对待

比如阿尔特不善于同人打交道，这一点作为他上司的你早就知道，但对顾客大喊大叫还挂断电话，他做得就太过分了。不管这样做有何原因，这种行为都是错误的，必须让他主动去找这位客户挽救局面。如果阿尔特能成功重建关系，就可以从宽发落他。但一定要让他明白，他的这种行为是不能容忍的。

如果阿尔特不愿正视问题或不帮你解决问题，那就要采取强有力的措施了。先去找那位客户，向他保证这是个偶然事件，今后决不会再发生。然后再处理阿尔特。基本问题是：他以前是否一直表现很好？如果不辞退他，以后会不会有用？

如果答案是肯定的，那么处理方案的严厉程度应该只比辞退稍轻一点：留用察看、降薪，或调任别的工作。如果答案是否定的，那就辞退他吧。

（2）当员工不听从你的指挥时你最好同他谈谈

如果这位员工认为你让他做的事情不安全，那么权且接受这个理由，但要他解释明白。如果他认为你那么安排是故意挑他的刺，而你确信自己对他和其他人一视同仁，如他确实那么想就不宜制裁，你们就应该开诚布公地谈谈。如果他再次拒绝服从安排，你就要对他采取行动了。

如果他只不过是不喜欢这项工作，也不打算做，你就得同他认真谈谈

了，看他对继续做这份工作有多大兴趣。不服从管理者都要接受包括辞退在内的严厉惩罚。记住，其他人也在小心观察事情的进展，等着看你做什么样的决定。

（3）当一位平常工作出色的员工弄糟了一项重要工作时，你要弄清原因再行处理

你请手下最可靠的员工克拉克写一份报告，你第二天就要把它交给上司，结果克拉克交给你的报告却是一堆垃圾。眼下最紧迫的问题是马上修改报告按时上交，但对克拉克该怎么办呢？

问问他是怎么理解你交给他的任务的，看看与你的意图有什么不同。如果能消除其中的误解，就能避免这种情况再次发生。如果原因是克拉克不能有效地分清轻重缓急，就应经常同他一起检查他的工作，帮他调整工作重点，分清主次。如果是私事使克拉克分心，你要表示理解。但也要让他知道，你期望他能处理好这些事，恢复过去在公司所起的作用。

（4）当员工做事误期时，你要花些时间同他聊聊

格拉迪斯眼看又不能按时写出员工简报了。他说，要是有人能帮他就能按期交稿。这时你只能长叹一口气，其实他需要的不是别人帮忙，而是使自己有条理起来，不再像无头苍蝇一样东碰西撞不知从何入手。

你需要花些时间观察格拉迪斯，并同他多聊聊。找出他究竟是怎么个没条理法。处理这类问题要注意，你自己必须要有条理。不然的话，你的坏习惯就会传染给包括格拉迪斯在内的其他员工。

你是否一直采取默认的态度？若当真如此的话，问题的根子在你。

（5）当员工不喜欢自己的工作时，你应该分派别的任务给他

查克不喜欢新分配给他的工作。他从不叽里咕噜地向你抱怨，活儿干得即使不算出色也还过得去。然而，从他那无精打采的样子可以断定，他实在是宁愿去干别的事情。

你可能认为员工高兴与否是他们自己的事，但帮助他们适应环境或另

找一份工作却对你有好处。如果一个员工不喜欢一天 8 小时干的工作，一年 200 多天的工作就不太可能很有成效。时间长了，工作就会出问题。

如果查克对新分配的工作不能得心应手，那么务必搞清楚他是否知道应该怎么做。如果他根本就没兴趣，就要帮他另找一个更符合他的兴趣的。但要说清楚，在找到新工作之前他必须尽量做好现有的工作。

（6）当有员工向同事借钱不还时，你要出面制止

很多办公室都有这样一些借钱不还的人，他们东借一点西借一点，然后"忘了"还，以为别人不会觉察。但人们的眼睛偏偏很尖。很多人认为这种行为表示这个人不值得信任，因而对这类人采取相应的行动。当借钱不还的行为开始影响到同事的工作关系时，那么你就应该出面了。

要让这名员工知道，你已经发现他有借钱不还的毛病，这是一种不良行为，有损他的工作表现。你要告诫他，虽然你不能强迫他还钱，却可以衡量因他损害同事间关系对工作产生的不良影响，而且你是言出必行的。

一个人偶尔向同事借点钱无可厚非，但若经常向别人借钱就可能出问题了。借钱不见踪影虽不会像被情人抛弃那样让人恼火，但也会引起大乱。如果有员工开始不断向人借钱，那么在引起麻烦之前就要制止。

（7）当员工内部存在严重冲突时，你应具体问题具体分析

在两种情况下不能对内部矛盾掉以轻心：一种情况是员工受到了不公平待遇，或员工感到了不公平；另一种情况是员工强烈不满，觉得他们被打发来做毫无意义的事情，没有发展前途。

如果是第一种情况，要找出不公平情况的根源。是制度造成的吗？比如工作分配、升工资、晋级等方面有问题。还是你做的什么事情引起的？

然后让员工了解规章制度，让他们知道过去你是如何应用这些制度的。如果没有规章制度，就应针对易产生冲突的问题制订一套指导原则。一旦员工了解了你的准则并相信你会遵循它办事，他们的不满多半会平息下去。

如果有章未依，那么解决的办法很简单：按章办事。如果不公正是上级造成的，那就应当向他们指明，这对士气和生产力有着不良影响。

如果内部冲突的原因是员工对工作不满，就应设法改变工作的组织方式使其更有意义，或给能力较强的员工更多的晋升机会。

（8）当工休时间太长时，你需要适当做些调整

如果过去没人告诉过你员工午饭和工休时间不能太长，那么你就应该估算一下工休过长浪费的时间；然后把这个时间换算成产值、利润或任何一种有实际意义的量值，再制订工休和午饭时限，要求人人照办。

如果工休时间较长是为了缓解工作紧张，就应该对工作要求做些调整，找出紧张的根源来。但在解决这些基本问题时，对工作规章要尽量少做变动。

以不同的方法处理与员工之间的冲突

管理者与员工之间发生冲突是很正常的事，解决这一问题也并没有一些管理者想象中那么难。其解决的简单方法是要求管理者不要总是对一些细枝末节斤斤计较，更不能对一些陈年旧账念念不忘。

管理者的一言一行，都会成为下属注意的对象。处变而不惊，以不变应万变，以宽容对待狭隘，以礼貌对待冷嘲热讽，这是管理者不难做到的。管理者要善于团结不同脾气、不同嗜好、不同优缺点的人，因为你作为他们的上司必须具有一颗宽容的心。

具体地说，管理者采用什么手段或技术来减弱冲突呢？管理者可以从以下几种解决方法中进行选择，它们是：回避、迁就、强制、妥协与合作。每一种方法都有各自的长处和短处，没有一种办法是放之四海而皆准的。也许你作为管理者会倾向于使用某一种工具，但高技能的管理者应该知道每一种工具能够做什么，以及在何时使用效果最好。

（1）回避

并不是每项冲突都必须处理。有时候，回避——从冲突中退出，就是最好、最简单的方法。

当冲突微不足道时，当冲突双方的情绪极为激动而需要时间使他们恢复平静时，当付诸行动所带来的潜在破坏性会超过冲突解决后获得的利益时，就应当采用这一策略。

回避可能让人看起来是在逃避，但有时回避正是处理冲突的最佳方法。管理者通过回避琐碎的冲突，可以提高总的管理成效。管理者应该把精力留给那些有价值、有意义的事情。

（2）迁就

迁就的目标是把别人的需求放在高于自己的位置上，从而获得并维持和谐关系。当争端的问题不是很重要或你希望为以后的工作树立信誉、打好基础的时候，采用这个策略会有很好的效果。

（3）强制

强制与迁就相反，你试图以牺牲对方的代价来满足自己的需要。在组织中这种方式通常被描述为管理者运用职权解决问题。当你需要对重大事件作出迅速处理时，当你需要采取不同寻常的手段时，这种方式会取得很好的效果。

（4）妥协

妥协要求每一方都作出一定的有价值的让步。在劳资双方协商新的劳动合同时常常采用这种办法。当冲突双方势均力敌时，当希望对一项复杂问题取得暂行的解决方法时，当时间要求过紧而需要一个权宜之计时，妥协是最佳策略。

（5）合作

合作则完全是一种双赢的解决方式，此时冲突各方都满足了自己的利益。它的典型特点是：各方之间开诚布公地讨论，积极倾听并理解双方的差异，对有利于双方的所有可能的解决办法进行仔细考察。什么时候合作是最好的冲突处理方法呢？当没有什么时间压力时，当冲突各方都希望双赢的解决方式时，当问题十分重要不可能妥协折中时，那么合作是他们的最佳策略。

对待员工的加薪要求要三思

作为老板，总会遇到员工提出要求增加工资的情形，理由也是千篇一律。他们说上年制订的任务目标太高，有的人则抱怨孩子上学的费用太高，难以承受。除了能博得一点同情之外，其实这一切并不能真正解决任何问题。甚至根本不提任何理由，有时候他们干脆就与公司所获的利润相比，觉得是应该为他们增加工资的时候了。

要求提高工资、增加薪水是人们的普遍心理。满意于现有的工资水平，认为自己所拿的薪水已经不错的人是不会提出加薪的。有鉴于此，老板们在评价薪资时应当充分考虑两个因素。

（1）不要这山看着那山高

雇员小张找到专职的副总经理，提出了给他增加工资的要求，理由仅仅是他在大学的同学如今薪资收入早已远高于他——而在大学时尚不如他出色。俗话说，人比人气死人，员工个体之间工资水准相异是很正常的事情。而且各个行业的特点不同，有隔行如隔山之说。对于类似小张这样的加薪要求，老板就应该直截了当地告诉他，如果仅仅因为别人工资比他高就向公司提出加薪实在是幼稚可笑。如果这都能成为理由的话，那么我们任何人都会找到超过自己工资标准的人。

美国的高薪阶层都云集在纽约华尔街的大楼里，他们从事着工商企业、金融机构的兼并、收购等，以及炒卖房地产等工作。而仅仅在20年前，高工资的城市还只有西部日益崛起的高科技城——硅谷，那里从事软件开发等高新产业的科技人员薪酬待遇最高；再往以前推，就数得着工程设计人员了。有谁敢断言再过一些年哪些行业在薪酬水平上独领风骚？看现在的苗头，或许今后的高薪行业将是律师或者从事人力资源管理和市场开发的咨询专家们。

优秀的管理者要教育你的员工，使他们懂得：要保持个人生活水平的稳步上升，不但需要全面考虑生活方式和自己所从事的行业性质，还应该把自己的兴趣爱好与特长结合起来考虑。如果你能使员工非常热爱自己的工作，即使报酬少一些他们也会做得很好；如果你能使员工不仅工作中意，给他们的工资待遇也相当不错，那他们将会更加努力。告诫你的员工，眼睛不要只盯着云雾缭绕的远处山头上闪烁发光的东西，或许那真的是金子，但你够不着它，或许那压根儿就不是金子或者珠宝，而是一块反光的极普通的玻璃。让你的员工珍惜手中的"种子"吧，告诉他们，只要肯努力，他们的收获也是金色的。

（2）把目光放长远

如果一个人仅仅是为了高薪资，就不断地由一个公司跳槽到另一个公司，由此只能有两个判断：要么是这些公司缺乏薪酬之外的留人之法，要么是这个员工短视至极，对薪酬以外的东西视而不见。

你经营公司依赖的仅仅是优厚的薪酬吗？如果是这样，赶快修补漏洞吧，你的公司在管理上或管理的某一方面过于简单了。这样的道理显而易见：复杂环境和事件中的技巧很简单，单调的环境和事件中谈不上什么技巧。一条腿只能单足跳，两条腿就不同了，慢步走，或是快步跑，偶或是两脚并拢齐足跳，当然，运动员在田径场上的训练中还能不断翻新出各种花样。给你的薪资安些左膀右臂吧，这样会更安全些。

不要满足于这些硬件，还是要学会做一个好教师，教育你的员工，并将你工资以外的东西展现出来，让你的员工意识到这些。一般来讲，稳定总是理想的。作为管理者，你所追求的是依靠你稳定的团队赚取利润，而不是雇员回头求职时的一丝快意。教会你的员工告别短视，把眼光放得更长远一些，让你和你的员工——你们要稳定的团队实现"双赢"。问题的关键在于使薪资以外的东西变得实实在在，你的员工才会感受得真真切切。

怎样应对下属的小报告

"小报告"古已有之，那时候人们一般习惯于称之为"进谗"。所谓"谗"就是说别人的坏话。即是把对被谗者不利的话上告，这就直接损害到对方的利益了。如果这种风气在公司内蔓延，则公司内的员工将互相猜忌、人人自危，对公司的团结有着致命的破坏力。所以，对管理者而言，这绝对是一个值得重视的问题。对付各种小报告的方法主要有以下几种。

（1）先发制人

一般而言，那些散布流言蜚语告"黑状"的人，为了使自己编造的"小报告"发挥陷害人的功效，总是想方设法地做到捷足先登、先发制人。而被"暗箭"伤害的人往往由于疏于防范而棋输后手，所以，大多会处于辩诬的不利地位，有些人甚至连辩诬的机会都不可得，白白地被人坑了一下。

我们知道，先发制人的厉害在于告黑状的人抢了先手。但是，如果是有可能被诬陷的人事先采取措施积极进行自我保护，或者是一闻风吹草动就积极行动起来，自己抢夺了先手，局势岂不完全改观了吗？所以，对于防范和反击"小报告"的每个人来说，要做到克敌制胜就不能总是"棋行后手"，也应该积极地行动起来，在那些打"小报告"的恶人告"黑状"之前抢夺先机，从而击败流言蜚语对自己的造谣和诬蔑。

（2）兼听更要明断

兼听是要求一切领导者听取不同的意见，以避免一面之词的片面性。但在兼听的过程中，直言与谗言、规谏与拍马、真情与伪证都纷然杂陈。如果分不清是非真伪，谗言仍可在"兼听"的旗号下发挥作用。所以，在提出进贤、知人、兼听之后，人们又提出了另一条要诀：明断。

历史上的魏文侯有这样一段故事：魏文侯派乐羊率兵讨伐中山国。但乐羊的儿子乐舒正在中山国当官，并且很得中山国君姬窟的信任。

乐羊兵困中山国，姬窟命乐舒上城喊话，要乐羊罢兵。乐羊不听，反劝乐舒及姬窟早日投降。乐舒无法说动父亲，答应去同姬窟商量，但要乐羊暂缓攻城。乐羊给了他们一个月期限。到期之后，又几次延期。乐羊的目的是藉此争取中山国的民心。民心一得，便可大功告成。

然而，就在这期间，魏国都城已沸沸扬扬。大报告、小报告都堆到了魏文侯的案头，几乎众口一词，认为乐羊是为了自己儿子的安危而贻误了国家大事，要把乐羊撤职查处。但魏文侯对此一概置之不理，相反，还特意为乐羊修建了新的住宅，派人送酒肉到前线劳军。

后来，时机成熟了，乐羊一举平定了中山国，班师回国。他的儿子乐舒则被姬窟烹杀了。乐羊回到魏国，魏文侯送了他一只箱子，里面装满了乐羊兵围中山国期间送到魏文侯手中各种攻击乐羊的材料。这使乐羊大受感动。

从这件事中可以看出明断在防谗中的重要作用。如果魏文侯缺乏明断，面对着一大堆攻击乐羊的材料不知所措、疑云暗生，或者真的把乐羊撤职查处了，那么，乐羊的谋略就无从实现，而中山之战也不是这样的结果了。魏文侯之所以能作出明断，当然是同他对乐羊的了解、信任以及他对战局的正确判断分不开的。

（3）理直气壮加以反驳

采取针锋相对的对策防范和反击"小报告"的最为关键之处是选准目

标，并且针对滋事生非的奸人的逆行采取公开论战的方法，对其所散布的流言蜚语进行大胆揭露和坚决批驳，贬斥其所做的这种卑劣行为。这就要求：首先是主动出击，把所发生事情的原委详细客观地公布给大家，使人们对此都有一定知晓；其次，与打"小报告"的奸人进行公然论战，把客观事实与那些偷偷摸摸上报的"黑材料"以及背后的各种不实之辞等都摆到桌面上来；最后，帮助和引导人们把正确的客观事实与"黑材料"相互对比、推敲，进行参照。

这样一来，某些人所提供的那些所谓"材料""报告""证明""肺腑之言"等等的真假虚实也就昭然若揭了。

战国时，陈轸与张仪同在秦惠王手下做官，张仪为了争宠，想扳倒陈轸。于是，他向秦惠王打小报告说陈轸经常带着钱来往于秦楚之间，但不是替秦王办事，而是替自己捞取好处。他还说陈轸有弃秦奔楚的倾向。

对于张仪的小报告，陈轸采取了理直气壮加以反驳的办法。他对秦惠王说："我是要去楚国，这一点不但张仪知道，已经是路人尽知了。伍子胥忠于他的君王，所以各国都争着想要他为臣；曾参孝顺母亲，所以天下人都希望有曾参这样的儿子。人家的仆妾要卖掉，如果很快便被邻里买去，那一定是能干的仆妾；女子要出嫁，如果是乡里争娶的，一定是好女子。我如果不忠于君王你，楚王还会以为我忠诚而要我吗？我这样忠心耿耿，如果你还要嫌弃我，那我不去楚国又往哪里去呢？"

陈轸这番理直气壮的话，既批驳了张仪，又婉转而巧妙地表明了他对秦惠王的忠心，使秦惠王对他刮目相看，挫败了张仪的诬陷。

（4）利用第三者

利用第三者来对付小报告，可以给人们一种真实可靠的印象。

汉武帝是个能干的皇帝，但其到了晚年也变得糊涂起来。他起用一个名叫江充的无赖，江充为了自己的私利制造了一起起冤假错案，最后冤案造到了太子头上，说太子诅咒汉武帝，并在太子宫中挖出了事先安置好的木偶。太子说不清楚，恼恨江充，便把江充杀了，但自己也只好逃亡在外。

汉武帝到了晚年，疑心病极重，以为周围的人都要害他。江充就是利用了这一点诬陷太子。在这种情况下，要当事人自己去辩诬已无可能。这时，有一个叫令狐茂的山西上党人上书汉武帝，指出太子无辜，江充奸诈，并举出了历史上的种种事例，希望汉武帝不要听信谗言。这样，才使汉武帝有所觉悟。不过，那时太子已被追捕的人杀害了。

可见，如果没有比较超脱的旁观者勇敢地介入，江充的谗言是很难被拆穿的。

（5）公之于众法

小报告，总是偷偷摸摸干的。因为没有对质，所以才能够蛊惑人心。如果把事情的原委公之于众，而且当面辩论，小报告成了公开材料，并且有事实与之参照，小报告的作用便会大大被限制了。这种办法，不妨名之曰"公之于众法"。

人们在日常工作、生活、学习中，遇到"小报告"这种伤人的"暗箭"大可不必惊慌，更不能失措，而应沉着应对，予以恰当的反击，以防范对自身乃至他人造成的伤害。

那些被形形色色"小报告"所攻击陷害的对象，只要坐端行正、身正影直，就可以采取光明磊落的公开方法，公然抨击那些"小报告"中的不实之辞对自身或他人所造成的侵害。将一个私下在阴暗角落之中打"小报告"鬼鬼祟祟的人，与另一个受到"小报告"诬陷伤害的光明磊落人，公开地摆在人们面前，何者为真，何者是假，明眼人是一瞧即知的。所以，运用公开的事实去驳斥那些来自于阴暗角落的"小报告"，揭穿"悄悄话""真实材料"等的虚假性，这对于防范和反击"小报告"来说必定是每战必胜的。

第 03 章
寻求化解之策：把复杂的问题简单化

（6）不让别人抓住小辫子

奸佞之人打"小报告""告黑状"诬陷他人，总是想方设法抓住被侵害者身上的一点把柄，然后无限夸大，使劲攻击，这不仅是那些喜好挑拨离间、搬弄是非之辈的做法，一切坑人害命的奸邪小人都如此。

然而，俗话说：身正不怕影子歪。如果为人办事都做到实事求是，口说老实话，身行老实事，襟怀坦荡，正直无私，做一个值得信赖、值得重用的人，那么，奸邪之人就不敢有非分之心，谗佞之徒也难以抓住打"小报告"诬陷害人的把柄，因而，也就远离了一切罪恶之源，避免了祸患的发生。

鲁道宗是个嗜酒如命的人，经常出入于酒家。有一天，皇帝派使臣召见他，恰好他又去喝酒了。等到打发人将他找回来，已经远远超过了皇帝规定的接见时间。使臣出于对鲁道宗的关心，便问他："圣上如果怪罪你来迟了，你当用何事来回答呢？"鲁道宗说道："应该实话实说。"使臣则说："若这么回答，必然会得罪圣上。"鲁道宗却说："喜好喝酒，这本是人之常情。而如果说假话欺骗皇帝，一旦被发现，这欺君的罪过可就大了。"于是，使臣把鲁道宗的原话照实报给了皇帝。

等到鲁道宗入见，皇帝问他因何故到酒家去饮酒？鲁道宗谢罪说："臣家境贫寒，没有购置酒器，只是酒市上才有此物。今天，正好有位远道而来的亲戚，于是，我便邀他一同到酒家喝了一杯酒。不过，臣子当时换了衣服，市人认不出来我，这也无妨为官的体统。"皇帝听后，虽然笑着责备了几句他不该迟到的话，可心里却将他另眼相待，认为鲁道宗人品正直，能说实话，可以重用。

后来，皇帝果然提拔鲁道宗做了参知政事。由于鲁道宗心胸坦荡、为人正直，那些喜好打"小报告"诬陷害人的人也怕他三分。

在现实生活中，有许多领导者偏爱这种人，把他当做自己必不可少的得力助手，甚至是作为公司的中流砥柱，大有舍此人又有何人能用的劲头。这些领导们了解的公司职员的情况大都来自这些人的小报告中。并且他们认为，这种获知下属情况的途径实为一条便捷之道。殊不知，天长日久，他们已与其他下属之间形成了一道鸿沟，经"告密者"传递来的信息经过"改编"已两目全非，因此，领导者得到的情况未必是真实情况。

作为领导者，首先应当以自己的真知灼见客观中肯地评价事物，不被进谗者的雕虫小技所惑。这是领导者明辨是非的基础。而明辨是非对一个管理者而言又是一项重要的品质，况且，这种人确实有点小聪明，会耍些花招。但在真正的办事能力方面肯定不会突出，否则他就不会去做探子博上司的欢心了。领导者还应当明白，公司上下所有的人对这种人除了讨厌唾弃外，再无其他的感情可言。

因此，爱告密的下属尽管在某些领导者面前是个"大红人"，深得宠爱和欢心，在公司里面也耀武扬威、媚上欺下，一副作威作福、迷惑君王的奸臣形象，但这样的下属在精明睿智的领导者面前往往会"绝招"失灵，机关算尽也不被重用，任他摇头摆尾、耍尽花招也难讨领导者的欢心。

即使告密型下属能够充分博取上司的欢心和信任，若上司是一个精明能干的人，他是断不会考虑提拔告密型下属成为自己的接班人的。如果主管贸然地把告密型下属升上自己的位置，除了会引起公司内职员的反感外，也显示出了这名上司的无能。

精明的领导者不会重用爱告密的人，但可以发挥他的这种特长，把他安排在一个无关紧要的位置用劳动锻炼他，使他懂得"成功从来无捷径，甘洒血汗苦用功"。每一位领导者都应牢牢记住：绝对不能提拔爱告密的下属，否则将后患无穷。

当然，从另一个方面说，多数喜欢打小报告的人都不会是孤立行动的，他们总是设法拉上同盟者以壮大自己的力量，以自己的同盟者为有力的支持，去讽刺指责别人；领导者可以通过众多打小报告的人了解下属的整体情况，利于自己把握整个下属群体的情况，获得必要而有益的信息。

因此，领导者可利用：

——传播小道消息的人，让他给你通风报信。

——感觉敏锐的人，让他给你反映异常情况。

——刨根问底的人，让他给你分析综合信息。

——谨慎持重、乐于敬业的人，让他反映内心的感受。

——善于表达信息的人，让他向下属传达你的意见。

——口才极佳而又野心不大的人，让他去与下属沟通。

说服员工的固持己见

管理者难免会遇到一些执拗的员工，他们最大的表现是立场坚定，不会轻易被人说服。此类员工常常会造成管理及工作上的障碍，对此，我们要采取一些语言和行动上的技巧去说服他们，让他们心服口服。以下是几种比较简单的方法。

（1）避开矛盾让对方简单说"是"

当一个人明确地说"不"的时候，他的整个机体——肉体和精神——都会处于一种明显的收缩状态，这种状态会使他拒绝听从任何人的意见。同时，一个人一旦说出"不"字，往往就不好再反悔了，自尊心有可能使他顽固地坚持下去。尽管他以后也许会认为这个"不"字是愚蠢的，然而这时他会把这个"不"字看成是至高无上、必须捍卫的东西。相反，在一个人说"是"的时候，他的机体就会处于开放状态。这种状态使他能够虚心地权衡并接受他人的意见，没有必要为自己进行任何防卫。一个人说的"是"越多，他被别人的意见所捕获的可能性就越大。

懂得了这个道理，那么，你在劝说对方的时候就应该尽量不要让对方把"不"字说出口，以免他固守错误观点，拼命维护他的尊严。要尽可能启发对方说"是",用"是"的效应来使他接受你的影响。人们为了维护自己的尊严、维护自我的统一性,也不会在同一个问题上先说"是"再说"不"。谁愿意给人留下一个出尔反尔的印象呢?

这种"是"的反应,其实是一种很简单的技术。它就是首先避开矛盾的分歧,先求同存异,从双方同意的问题入手,使劝说一开始就充满了愉快的气氛。在运用这种方法时,可以指出一些双方都相信的事实,提出一些双方都渴望得到圆满解决的问题,然后再说明这些问题,介绍所掌握的有关这些问题的确凿证据,使对方无意地产生顺从,最终接受管理者的思想和观点。当然,你也可以通过诚挚的赞美去打动对方。

(2)来几句简单的歇后语,效果非同寻常

某企业一名员工小李因未调上工资,气势汹汹地闯进厂长办公室,大声叫嚷着。厂长一声不吭,待他的闹劲消停时,便说:"小李,你知道这次为什么没调上你的工资吗?"小李说:"不就是因为我玩麻将吗?玩玩有什么不行?"厂长语重心长地说:"我不反对青年人玩,但是要玩得正当、有意义。你那天晚上一下子把一个月的工资输光了,你妻子哭哭闹闹地找到我,要我劝劝你。按理说,这是赌博,你属于公安局的禁赌对象。念你是初犯,没给你处分;之所以没涨你工资,是想让你从中吸取教训。赌博这玩意可害人哪,弄不好,到头来会是门神店失火——人财两空。那时,厂里可担当不起呀!"小李没有词了,低下头沉思着。厂长拍拍他的肩膀,说:"好好干活儿去吧,今年的奖励升级我可等着你啦!"

(3)把"简"与"繁"作比较,突出"简"

同类相比,用在攻心术上是把较为简单的事理与复杂的事理相比较,从较为简单的事理证明或推论出与之有某些相似之处的复杂事理。这种法术,因其简明直观,往往一下子就能打动人心,使其信服。

(4)简单利用逆反心理

在改变人的态度时,根据逆反心理这一特点,把某种劝说信息以不宜泄露的方式让被劝说者获悉，或以不愿让人们多得的方式出现，就有可能使被劝导者更加重视这一信息，并毫不怀疑地接受它。土豆从美洲引进法国的历史就很耐人寻味，它说明利用逆反心理能够成功地改变人的态度。

法国在很长时间内都没有推广土豆的培植。宗教界称土豆为"鬼苹果"，医生认为它对人体健康有害，农学家则断言土豆会使土地变得贫瘠。著名的法国农学家安瑞·帕尔曼彻在德国当俘房时曾亲口吃过土豆。回到法国后，他决心要在自己的故乡培植它，可是很长时间他都未说服任何人。于是他耍了一个花招，在国王的许可下，他在一块出了名的低产田里栽种了一批土豆。根据他的要求，由一支身穿仪仗队服、全副武装的国王卫士看守这块土地。但这些卫士只是白天看守，到晚上就全部撤掉了。这时人们受到禁果的引诱，每到晚上都会来偷挖土豆，并把它栽在自己的菜园里。土豆就这样在法国得到了推广。

这说明，越是对人劝说，有时人们越不接受；越不想对人劝说，反而越能成功地劝说人们。

（5）用悬念诱发其好奇心

在生活中，再随和的人有时也有固执的一面，人在固执时其心理往往会处于一种紧张封闭的状态。直言相劝恐怕会碰钉子，而巧妙地制造悬念并通过卖关子来吊对方的胃口，松弛对方的紧张抗拒情绪，转移其注意力，诱发其好奇心，然后再进行劝说，则比较容易达到目的。

（6）运用归谬法

归谬正误，即归谬法，它要求欲指出对方之谬时先假定对方虚假的论题为真，然后从这个论题引申，推导出更为荒谬的结论来。

另外，归谬正误，也叫"以其人之道，还治其人之身"，就是以对方所讲的歪理或所用的手段来回敬对方。此种攻心术如运用得妙，往往能够置敌于死地。

（7）简单地赞扬几句

在对付固执的人时，要善于发现对方的"闪光点"。要善于赞扬别人，善于从理解的角度真诚地赞美别人。

（8）了解对方心理，攻其弱点

在说服固执的人时，要了解对方的心理，使用语言或行动来攻击对方的心理弱点。

比如，某厂有个青年工人，生长在干部家庭，又是独生子，从小受到溺爱，养成了好吃懒做的坏习气。进工厂后，其怕苦怕累，组织纪律性差。为了达到离开工厂的目的，他长期装病不上班，后来干脆睡在单身宿舍里不起来，还故意每天晚上尿床。

这时，同宿舍的车间支部书记不是讨厌他、疏远他，而是关心他、亲近他，连续3个月，天天为他晒湿的被褥，终于感化了他。他痛哭流涕地检讨了自己的错误，从此以后，工作积极起来，努力钻研技术，成为了车间的技术能手。这种情真意切、真诚地关心、爱护对方的方法，对改变其态度是大有作用的。

轻松应对员工咄咄逼人的谈话

咄咄逼人的谈话，一般是有备而来，或是对自己的条件估计得比较充分，有信心战胜你。谈话一般是指向一个地方，对你的要害部位实行"重点攻击"，会令人开始就处于被动的位置。

对付的办法有多种，根据情况的不同你可以简单加以选择：

（1）后发制人施行反攻

这是使自己能站稳脚跟的最有效办法。特别是中国人，更善于此道。在中国古代哲学中，关于"以静制动""反守为攻"的论述有很多。很多人也许都有这个经验——先把拳头缩回来，到一定程度，看准了对方，再猛烈地打过去，会打得准、打得狠。

后发制人一般在两种情况下施行反攻，具体内容如下所述。

①当对方到了不能自圆其说的时候。咄咄逼人者，其开始锋芒毕露，也许你根本就找不到他的破绽。但是，你应该抱着这么一种观念，他总有不攻自破的地方，总是有软弱的地方，只是你还没发现而已，等待时机，一旦其锋芒收敛，想作喘息、补充的时候，你就可以反攻了。

②当对方山穷水尽的时候。这时就是对方已经把要进攻的全部进攻完毕，把要打击你的部位打击完毕，而后发现，他连你的"伤口"部位还没找到，其锋芒所指，无非是微不足道的小错误，或者其打击的部位亦不全面，从本质上动摇不了你，这就是所谓的"山穷水尽"。而他技穷之时，就是你反守为攻之时。

（2）针锋相对，毫不退让

针锋相对即是以对方同样的火力，向对方进攻。对方提什么问题，你就给予十分肯定或否定的回答，丝毫不退让，一点也不拖沓，也不拖泥带水，使对方无理可寻。

（3）假意退却，意在陷阱

假如对方的问话是你所必须回答的、不能推辞的，而又要对方跟着你的思路走时，你可以装作退却。对方乘机逼过来，你把他带得远了，让他完全进入了圈套，然后再回过头来对他进行反击。

（4）抓住一点漏洞无限扩大

在你几乎无计可施的时候，对方话锋之强烈、火药味之浓，使你无法反击，他提出的重大问题，你却无法一一回答，这种情况下该怎么办？迅速找到他的谈话内容中的一个小漏洞，即使是再微不足道也无所谓，可以把这一点无限扩大，使其不能再充分展开其他的问题。

（5）胡搅蛮缠也有理

胡搅蛮缠是当你理亏时，被对方逼到了死角，而又实在不想丢面子，就可以乱缠一番：把没有理的说成有理的；把本来不相干的事物联系在一起，说成是很有联系的事物；把不可能解决的、不好解决的问题与你的问题扯在一起，以应付对方的连串进攻。

胡搅蛮缠是一种不得已的办法。在某种程度上是不正当的，但却也不失为一种应对咄咄逼人的员工的方法，特别是当对方欺人太甚、丝毫不留情面的时候。另外，用胡搅蛮缠的方法可以先拖住对方，以便有时间考虑真正的对付方法。

（6）把球再踢回给对方

这是谈话中要运用的一个很简单、很实用的技巧。当对方的问题很难回答、问的角度很刁，你回答肯定、否定都可能出错时，那就不要回答，把问题再还给对方，从哪个地方踢来的球再踢回到哪儿，将对方一军。

比如，有一个国王故意问阿凡提："人人都说你聪明，不知是真是假？如果你能数清天上有多少颗星星，我就认为你聪明。"阿凡提说："如果你能告诉我，我骑的毛驴有多少根毛，我就告诉你天上有多少颗星星。"

（7）擦边球式的回答

打擦边球的技巧就是给予对方一个模棱两可的回答，好像打乒乓球时打出的擦边球，似乎球出台了，又略微擦一点边，叫你无可奈何，接也不是，不接也不是。对付对方咄咄逼人的追问，你就还一个擦边球式的回答，看起来与对方的问题不相干，几乎没有回答他的追问，但又确实与之有关，使对方不能对你进行无理的指责。

怎样应对员工与你的激烈冲突

在日常的管理活动中，很多矛盾都是无法避免的，由这些矛盾所引发的冲突也就成为管理者必须要正视的一个问题。冲突有很大的副作用，它不仅会破坏你的良好形象，而且还会给你的管理增添障碍。基于对不利结果的认识，一个管理者与员工发生激烈冲突时最简单的策略应是"撤退"。哪怕你以后有更好的制服对方的措施，但在冲突时主动"撤退"是最直接可行的。这样，冲突就会趋于平息，一切都能恢复平静。如若不然，双方的冲突就会不断升级，愈演愈烈。

下面是几点"撤退"的简单技巧，你可在现实中灵活借鉴，举一反三。

（1）按住火气，控制火势

双方一旦发生冲突，是你的错，你会以错为真，怒气冲天，火冒三丈，咄咄逼人；是对方的错，你更是会义愤填膺，激愤难平，不依不饶。而此时你应按住自己的火气，稳定自己的情绪。让理智当家，你就能冷静地对待局面，并采取应对之策。同时，对方在冲突中也必然是激动的，对方能把握分寸，冷静以对，自是幸事；若对方不是这样，你的冷静和理智无疑会给对方以感染和感召，还会在一定程度上产生震慑作用，令对方也降下火气。这个时候，眼看就要爆发的冲突就悄然灰飞烟灭了。

（2）运用机智，令其熄火

当你控制了火气、怒气的时候，对方未必也能按住火气、守住方寸。尤其是那些"横"人、"冲"人，是得理不饶人的，即使根本不"得理"也骄横跋扈、气焰逼人。此时抑制对方的火气、控制冲突的"火势"，是你成功"撤退"的关键。这靠的是你的机智，尤其是急智。在双方剑拔弩张、冲突一触即发之际，你的机智会让对方上不了火、较不了真，局面就会得到缓和。

（3）巧用外力，借梯下坡

当双方正在对峙的时候，撤退可能会被对方视为懦弱，对方来个"宜将剩勇追穷寇"，那么你就只能落荒而逃、一败涂地，不能很好地保全自己、维护自尊。而你又一时没有很巧妙、有效的化解之策，显得那么苍白无力。此时你可以利用情境中的其余有利因素制服对方，或让对方有所顾忌，或让对方与你较不上劲，构不成冲突。

（4）作出姿态，慑服对方

如果留心，你会注意到这样一种微妙的现象："冲突"较少发生在一些人身上，即使发生了也不会喷射出火花，而会很快熄灭。这自然要在这类人身上找原因。这类人具有非凡的人格力量，让对方为之慑服，不敢轻举妄动，在不知不觉中偃旗息鼓。这类人在"冲突"面前显得那么从容、镇定，游刃有余，潇潇洒洒，总能以最恰当的方式应对局面，让对方无法作祟、嚣张。这类人在"冲突"中表现出的姿态会让对方心服口服，也会让对方理屈词穷。一个管理者的人格、姿态以及处变不惊的态度，会让任何一个与你发生冲突的员工，包括蛮横的、粗陋的都胆寒或钦佩。

从关键问题入手摆脱被动局面

在市场行为转变后，那些可以作为范本的模式将不再有存在的价值，因为其中存有很多未经预期的障碍。当管理者发现企业发展与外部环境相脱离时，最简单的方法是立即对企业进行调整，识别并找出关键问题来，这样在处理时就可集中力量，有的放矢。只有关键问题得到了解决，企业才能够摆脱被动局面，迅速赶上时代的步伐。

在20世纪80年代，日本汽车业蓬勃发展的潮流中脱颖而出的明星——本田汽车公司，是一家以其卓越的发动机技术而闻名世界的大公司。然而进入90年代之后，日本的泡沫经济却使得这颗新星开始逐渐暗淡：1993年和1994年，本田公司赖以生存的轿车出口量持续下降；1994年，本田汽车公司的销售额在日本汽车销售额的排行榜上仅名列第五位！本田公司已有了某些严重衰退的兆头！在这个危急关头，公司的新领导上任了，他就是信弘川本——本田公司的首席执行总裁，一位立志要让遭到

第03章
寻求化解之策：把复杂的问题简单化

重挫的本田公司重现辉煌的人。

信弘川本意识到本田的关键问题在于没有随着环境的变化而改变汽车的款式。在环境发生巨大变化的情况下，信弘川本明白时不我待，因此力求用最快的速度推行其调整计划，以赶上时代的步伐。由于他解决了本田的关键问题，并实施了有效的调整，在短短的几年中，本田公司迅速摆脱了被动局面，开始重现生机。

多年来本田的成功都是在它的工程师们的驱动之下获得的，他们把在设计一级方程式赛车上所取得的经验运用到其轿车产品上。但信弘川本早就意识到工程师们设计的轿车难于建造，成本太高，又不能迎合买主的口味。在信弘川本的领导之下，本田正在探索另一条道路，在这条道路上，工程师们被赶下了"驾驶员"的位置。

纯粹汽车主义者因取消工程师们高高在上的地位而感到害怕。信弘川本对顾客和市场的注重是一项重要的转变，他会把本田从二流汽车制造商提升到全球性的大制造商、大市场占有者。本田原来所走的那条独特道路，使它制造的摩托车比轿车多，而且根本不制造轻型卡车，这种做法使本田的经理们眼睁睁地看着丰田公司和三菱公司在汽车展销会上大放异彩。

信弘川本针对这种不正常的局面作出了果断决定：发展跑车产品。在本田公司复苏的过程中，很重要的一项成功就是它在跑车热中制造出了一种传奇式的产品：这是一种以轿车为基础的更小的体育用车，给人以一种有身价的激动感，而且迎合了日本道路拥挤的现状。

在汽车生产的过程中，本田公司达到了很高的效率，为此，信弘川本花费了很多精力。他实施了一项使各部门交流标准化的计划，并为它起了个很美国味的名字：全面质量管理。与此同时，他还努力摆脱公司缓慢而目标分散的管理，开始着力强调个体的主动性，并制定了一套新的表彰体制以鼓励个体表现。虽然这套方案完全奏效尚需时间，但信弘川本清楚自己的目标，对此胸有成竹、毫不动摇。

在信弘川本的精心管理之下，本田公司发生了巨大变化。在东京公司总部，销售人员身边挤满了年轻的顾客，他们品着咖啡，看着音乐电视，摸着新型车。而本田的股票在东京证交所里也十分红火，仅一年时间中便已经涨了157％。

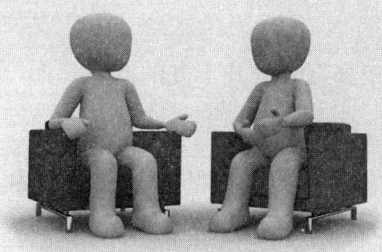

第 04 章

选择与时俱进：改变旧的管理思维模式

人控与程控的不同

程序管理能够照顾到百分之九十九的问题，而领导的任务则是要确保那余下的可能是决定性的百分之一不致陷于俗套。

二十多年来，中国企业对公司的控制大多数由人来完成，这使企业在短期内迅速发展的同时，由于资源共享问题的日益显露，造成了整体的不经济。而人控的另一个严重后果随着各企业重要员工的流动也显现了出来，给企业带来了巨大风险。以流程管理的形式来控制的跨国公司成为中国企业管控变革的方向。

（1）以能人来管控的中国公司体系

中国企业对公司的控制绝大多数是由人来完成的，而世界级的跨国公司则是通过制度和流程系统完成的。

以能人来控制公司，结果产生了以领导者为核心，各层管理者针对上一级负责的管理格局。这十分类似于中国古代的诸侯分封。这种管控方式在短期内可以在量上获得扩张，但无法对企业进行质的提升。虽然从表面上看企业可能红红火火，但其隐患也是十分明显的。

首先，以能人来管控的模式，从整体上讲，企业小还可以，一大了就会存在资源共享问题，会产生内部竞争，从而造成整体不经济。

其次，这样做风险极大，完全依靠人来管理，领导者必须花费精力来安抚这些能人。一旦领导者手下的能人有了良好的机遇或更好的选择，他们要么自立山头，要么另谋高就。其带给企业的直接影响是技术上的外泄或业务上的损失，而且是极为严重的，往往不是给原企业带来新的竞争者就是壮大了原先竞争者的实力。

最后，它不能培养员工的职业感。在中国企业里的员工，其雇佣思想远比敬业精神要强，特别是在人员流动频繁的今天，当对手开出更好的条件时，对很多企业的员工来说，就意味着个人的发展机遇；而重要员工的"跳槽"，对企业日常经营产生的影响不仅仅是效益问题，甚至是整个公司的人心稳定。

缺乏制度和流程的中国公司管控体系，在做大做强的道路上举步维艰，很多公司因此而被市场淘汰。要想使企业迈向世界级之路，就必须在管控上进行根本的变革。

（2）传统的"中国式管理"无法产生世界级企业家

什么是世界级企业家？美国小布什总统曾考虑停止征收遗产税，可是有两个人登出广告反对，一个是微软的比尔·盖茨，一个是股神巴菲特。他们说："我不能允许我的第二代不劳而获。"这就是世界级企业家。简单的广告的背后是支撑美国近百年发展强大的人文精神。

世界级企业家就是能创建世界领先企业的企业家。这个领先，是指首创与第一，而不是第二；是带领全球行业进步的龙头，在他的前面没有可模仿的现成的技术、现成的模式。按照这个定义，所有模仿即后发优势企业，不论其规模如何，都不足以成为世界级的企业。因此，自由思考、创新精神才是世界级企业家的基本功。而传统的"中国式管理"的"修己安人"之法能培养出这样的精神吗？从根本上讲，传统的"中国式管理"与企业精神是背道而驰的。

我国四书之首的《大学》里有这样一句话："其本乱而末治者否矣，其所厚者薄，而其所薄者厚，未之有也。"什么意思呢？就是说根本问题未解决而枝节问题处理好的情况并不存在。对于企业管理而言，什么是根本问题呢？那就是企业家的精神。没有产生企业家精神的文化土壤，如何能指望培育出真正世界级的企业家呢？不幸的是，"中国式管理"在本来已经酸化的土壤中加入了一种碳酸饮料，喝起来可口，渗透进去则会让中国企业更早死于萌芽期。

有人说日本就是受了中国传统儒家文化的熏陶才发展起来的，所以中国的企业应该以"中国式管理"为主。可实际上，对于日本而言，由于没有中国这样的历史沉淀，所以谁先进就学谁。学习唐朝时的中国，以及学习20世纪的美国，对日本而言，并无什么民族自尊心上的区别。20世纪90年代，日本经济大有赶超美国的势头，所以日本也出现了一种日本式管理的热潮，和今天中国式管理的背景如出一辙。一个简单的道理就是，日本近百年是被不断注入了西方现代管理思维才成就了第二大经济强国的。

"修己安人"被视为中国式管理的根基，其来源于传统知识分子修身、齐家、治国、平天下的理想。我国古代思想家老子提倡"虚其心、实其腹、弱其智、强其骨"的治国方式，认为无为而治乃是管理的最高境界，说得通俗一点就是：老百姓越蠢，国家越容易治理。儒家虽然认为国家需要贤人来治理，但也认同了道家愚民的管理思想。不同的是，老子认为管理者与被管理者应该都是"蠢猪"，而孔子认为管理层应该是精英，而被管理层应该是"蠢猪"。这种中国管理文化的"精髓"也被传统的"中国式管理"继承而且发扬了。

企业是工商文明的产物，其目标是创造价值。而"安人"之道显然是在一个稳定、非竞争文明下的管理需求。虽有可借鉴之处，但与企业的目标是风马牛不相及。企业是在竞争中成长的，其边界随时有其他竞争者入侵。以"安人"为目的的管理的基本前提条件已经不存在，这时以"安人"为目的显然就违背了现代企业的宗旨。更有甚者，"安人"本来就是一种试图将自己的意识加于他人的管理方式，看似温情关怀，实际上是员工人格独立性的丧失，最终让企业失去创新能力。"安人"这种对中国企业管理目标的误导，是对企业家精神的严重腐蚀。

所有的传统的中国式管理，都围绕着一点，那就是如何更有效地让人成为工具。所以，无论是宽容的授权，还是领导的独裁，在本质上并没有改变"员工是工具"的思维，正是这种思维注定了企业难以成为世界最前沿的创新者。

第04章
选择与时俱进：改变旧的管理思维模式

在谈论企业的管理模式时，不可分离的是社会的人文环境。但我国传统的管理思想，从本质上讲都是把人当成实现天下大治的手段，这种不以人为社会进步的目的的管理思维是担当不起培育世界级企业的重任的。

中国的企业家们看到的是美国企业的强大与先进，但这只是美国甚至欧洲几百年思想进步的结果而已。先有文艺复兴，后有制度改革、工业革命，看不到世界先进企业家背后的人性的光辉，想以玩弄人性弱点的传统"中国式管理"来催生世界级企业家，那是没有成功的可能的。

海尔曾流行过一句话："要想一滴水不干涸，惟一的办法就是把它放到大海里去。"同样的，中国优秀的管理文化和思想要想发扬光大，惟一的办法就是融入到世界的文化与管理思想中去。

勇于抛弃传统管理思想中的糟粕，认真研究现代企业管理的思想，才能够造就真正的世界级企业家。其实，在中国已经有一批睁眼看世界的企业家了。在未来，中国一定会出现世界级企业和世界级企业家，但决不会是那些抱残守缺的人。

力戒"先入为主"的思考方式

"先入为主"，即不考虑实际情况，而把自己原先就有的思考观念带进来，一切均站在自己的立场看问题，不善于去接受别人合理化的意见。

对于一个企业管理者而言，这种思维的弊端往往造成"一人说了算"的危害，当然是有害无益的。在此，还想重复一遍：企业管理者不能一开始就有先入为主的想法，似乎只有一种建议是对的，而其他所有的建议都一定是错误的。管理者必须从一开始就下决心要搞清楚为什么人们还有不同意见。

企业管理者当然也知道，蠢人和搬弄是非者总是存在的。不过，他们绝不会认为持不同意见者不是蠢人便是狡诈之徒。他们还懂得，除非有确凿证据证明某人别有用心，否则就应该把持异议者都看作是头脑正常的和没有偏见的。假如他得出了一个明显错误的结论，那也是因为他所关心的和看到的是问题的另一个侧面。卓有成效的决策者会自问道："我们应该向他作哪些说明，才能使我们的观点站得住脚？"卓有成效的管理者所关心的，首先是理解，然后才去考虑谁是谁非的问题。

在一家好的律师事务所里，刚从法学院毕业的新手往往首先被安排为对方律师的委托人起草案情难度较大的辩护词的工作。在坐下来认真准备己方的辩护词前，先做这样一件工作是一种十分明智的安排（一个律师毕竟应该考虑到对方律师也不是无能之辈）。这对年轻律师来说是一种很好的训练，可以使他避免从一开始就只认为自己一方的案子是对的。这样做还可以帮助他熟悉对方会有哪些发现、已经了解了哪些情况、会有些什么论据。这样做就是要求他对双方的案情都应有所研究。只有做到了这一点，他才会真正懂得自己的案子应该怎么去办。也只有这样，他才能在法庭上把己方的理由做一番有力的陈述，从而让法庭接受他的看法。

毫无疑问，不论是管理者还是普通工作人员，能够做到这一点的人并不是太多。绝大多数人都是从自己一方出发考虑问题的。他们的逻辑是：既然自己这么看待问题，那么别人也必然会以同样的方式来看待问题。

不管自己的感情有多强烈，也不管自己是多么肯定对方的观点站不住脚，一个想作出正确思考的管理者必须要强迫自己了解不同的意见，因为不同的意见就是他推敲各种可供选择的办法的必要工具。有了这一工具，管理者才能确保某个问题的各个主要方面都已被仔细地考虑到。

别过于倚仗家族成员

在企业发展史上，任何国家都有许多家族企业，这些企业是由家族控制并管理的。而且，家族管理的并不一定是中小型企业，其中占据同行业领先地位的世界级大公司有很多也是由家族经营的。当然，单纯从企业的功能性工作来讲，家族管理的企业与专业管理之间是完全相同的。比如，所有的企业都会涉及到的研发、营销、财务管理等。然而，家族企业的管理规则却与专业管理规则不尽相同，而且必须要严格遵守这些规则，否则，家族企业将无法生存，当然更提不到企业的发展了。

杜拉克说："家庭成员不应该在企业里工作，除非他们非常能干而且勤奋。"在一个家族管理的企业里，无论家庭成员的工作或职位是什么，他总是会处在"高级管理阶层"，这是十分正常的，因此也就难以避免让非家族成员的同事、员工感到不舒服。不要认为这样可以起到监督作用，这是对非家族成员员工自尊的一种冒犯。这种所谓的"监督"与给员工带来的消极情绪相比得不偿失。尤其是让平庸、懒惰的家庭成员在家族企业中占着位子无疑是件极其糟糕的事，其会降低企业里整个职工队伍对高层管理乃至对整个企业的尊敬。

杜邦公司就是一个家族企业，它之所以能够生存并且兴旺发达，是因为杜邦家族的所有男性成员在公司里刚开始无一例外都会在底层工作。5～6年后，由几位家族长者对其表现做仔细的评估。如果评议的结果认定该成员在10年之后不大可能成为高级管理人才，其就会被毫不客气地请出公司。

杜拉克认为："公司管理层必须要有一个高层职位由非家族成员来担任。"而且，他还认为："在家族企业里，越来越需要在关键的岗位上安排非家族成员的专业人士。"家族企业需要一位极受尊敬的人来参与高层管理，他的职位可以是财务主管或研究部主管，甚至也可以是营销或人事主管，这样就不会把生意同家族搅在一起了。另外，不论家族成员多么能干，本身的意愿是多么美好，他如果难以胜任，主观愿望往往就难以达成客观现实。

无论是在生产还是在营销、财务、研究、人事管理等方面，所需要的知识和专长都很高深，不论一个家族多么优秀，也不可能有足够的人完全胜任这些工作。因此，对那些非家族成员的专业人士一定要平等对待，让他们在公司里享有"完全的公民权"，否则他们根本就不会为实现家族企业的利益而长期在这些专业岗位工作下去。1967年底，杜邦公司的科普兰把总经理一职让给了非杜邦家族的马可，这在杜邦公司史无前例，而且财务委员会议长也由别人担任，科普兰专任董事长一职，从而形成了一个"三驾马车式"的体制。1971年，科普兰又让出了董事长的职务。

杜拉克还指出："要让外聘管理人员享有'主人感'。"对于家族企业中外聘的高阶层专业管理人员，只有让他享有所应享有的报酬和激励，他才会有"经营自己的事业"的感觉。1920年，杜邦在改组公司的时候专门为此发明了一种优先认股制度。这一决定曾遭到杜邦家族成员的强烈反对，但是杜邦坚决相信他这项制度是正确的。后来的事实也证明了他的做法很正确。这一制度的重要性不在于金钱，而在于管理人员由此获得了地位。事实上，如果不是这一套制度，杜邦公司的外聘管理人员将有被歧视的感觉，杜邦公司的历史可能会被改写。

在家族企业当中，管理层的继承问题也是一件大事，这时候经营的需要与家族的需要发生了冲突，严重的会导致分裂的结果。解决这一问题的办法就是在家族成员开始对继承发生分歧前找出一个非家族成员做仲裁者。

家族企业一旦发展到一定规模的时候，就算已经能够吸引和保留外聘的专业管理人员了也不一定可以持续经营。一个家族企业在成长及繁荣之后，其家族成员有可能分心于别的事情，渐渐日趋独立、另谋他业。结果家族成员中能继续专心致力于企业工作的人数也就会日益减少，而呈减少趋势的往往可能是干练型的人才，最终发展至整个家族企业成为专业经理人管理的企业。

诚然，国外不乏家族企业成功的例子，但中国国情不一样，我们对私有财产管理、运作、监督的法律制度不如人家完善，财产管理的社会服务水平不如人家高，几乎每一方面都得亲力亲为。也就是说，几乎不可能要求家族在公司任职的每一个成员都是岗位上的专家。然而，家族化经营又有一定的封闭性。由于家族观念根深蒂固，企业引入优秀人才比较困难。而矛盾的是，企业的发展壮大又急需人才加盟，因此只能从家族内部挖掘，结果是"矮子中拔将军"，家族中一些资质平庸、能力一般的人进入到了企业管理层。虽然这些人贡献并不大，甚至比其他员工还小，但他凭借自己的特殊关系颐指气使、养尊处优，不干实事，还要获得超额利益，甚至争权夺利。这类情况破坏了企业的管理与激励机制，直接影响到非家族成员的工作积极性，进而影响到企业的发展壮大。

历数一桩桩、一件件家族企业的兴衰，家族企业的管理者应该深深地感悟到：家族企业需要遵循杜拉克的原则，不能再任人惟亲，而要任人惟贤。

一个家族企业，常常是在不到两代人的时间内，或者在企业尚未发展到中等规模之前，家族后人便由"创业型"的转变为"受益型"的。所以，家族企业管理者一定要未雨绸缪，培养家族里精明强干的后人继续为该企业奋斗，而让其他的家族成员自行创业，仅作为企业的外部投资人。

最没有效率的工作是以最高的效率做最没有用的事

杜拉克说："有效的管理者极为审慎地设定自己的优先顺序，随时进行必要的检讨，毅然决然地抛弃那些过时的任务，或者推迟做那些次要的任务。"此话很明白地告诉人们：企业管理要分清事务的主次，重点出击。许多人误以为在大企业中事情多，管理者应该分清主次，却不知在中小企业也一样，甚至更为重要。

效率专家艾维·利在一次与伯利恒钢铁公司总裁查理斯·舒瓦普会见

时，说自己可以给舒瓦普个礼物，能在很短的时间内让其公司的效益有所好转。舒瓦普说他清楚自己应该做什么，也懂得如何把公司管理得更好，自己需要的不是更多的知识，而是更多的行动。他说："如果你能告诉我们怎样更好地执行计划，我听你的，在合理范围内价钱由你定。"

艾维·利递上一张白纸，说："在这张纸上写下你明天要做的几件事。"看到舒瓦普写完了，他又说："现在请删除可做可不做或根本不用做的事情。"等到舒瓦普停下时，他接着说："现在按照每件事情的重要性用数字标明次序。"做完这几件事情之后，艾维·利说："现在你把这张纸收好，明天早上的第一件事情就是把这张纸条拿出来，努力去做你所标出的最重要的那件事，不要管其他的，直到完成为止。然后用同样的方法依次去做第二件事、第三件事……哪怕你一天只做完一件事情，那不要紧，因为你总是在做着最重要的事情。坚持每一天都这样做，等你相信这种方法的价值后，让你公司的人都这样做。这个试验你愿意做多久就做多久，然后给我寄支票来，你认为值多少就给我多少。"

整个会见历时不到一个钟头。一个多月之后，艾维·利收到了舒瓦普寄来的一张30万美元的支票，并附言说："从钱的观点看，这是我一生中最有价值的一课。"五年之后，这个当年不为人知的小钢铁厂一跃成为了世界上最大的独立钢铁厂。

好多时候，你并没有足够的时间、精力去完成所有的事，那就去做最重要的事吧。既然注定事情是做不完的，就让那些不重要的事停下来，才会达到最佳的效果。

中小企业经常犯这样的错误，即在做市场时遍地撒网、广种薄收（这里的广种薄收并不是薄利多销）。这项错误不是少数人会犯，而是大多数营销人员都会犯；不仅一两家企业会犯，而是大多数的中小企业都会犯。中小企业犯这项错误的原因是中小企业期望值过高，以及通过广种薄收来寻找"东方不亮西方亮"的心理安全感。然而，这种虚构出来的安全感却并不可能真正实现。真正的营销安全感来源于市场地位，只有在局部市场获得较高的市场地位时，才能赢得对手的尊重，并博得顾客的接受，才有真正的安全感。

杜拉克认为："一个人的有效性与其智力、想象力和知识之间几乎没有太大关联。管理者的本能只有通过有条理、有系统的工作，才有可能产生效益。"俗话说："饭要一口一口吃，路要一步一步走。"许多管理者总认为自己能力有限，实际是没有做到有条理、有系统地安排工作。

按照在市场的地位来分，企业可以分为三类：行业龙头企业、区域强势企业（有根据地市场）和有销量但没市场地位的企业。片面追求销量只是一时的，真正有稳定市场地位的企业是龙头企业和区域强势企业。中小企业的生存之道就是：在一定范围之内，根据自己的实际情况开辟小区域市场，然后在有余力时继续开发或扩大小区域市场，最后把小区域市场连成一片。中小企业如果不能做成区域强势企业，就永远做不大。

有一家小型饮料企业，该企业原来面向全国，以省为单位划分市场，派十多个业务员去开发，虽然有一定销量，但很不稳定。它的年销售额仅达到500多万元。其中有一名业务员手头有多达70多个市（县）级经销商，一年到头连每个经销商平均拜访一次的时间都没有。这样的营销布局，企业根本不能够有太大发展。

后来，管理者发现自己的企业规模根本不足以经营省级市场，目前最重要的不是急于求大，而是先巩固自己的市场。于是确定了三步走的战略方针：首先是以县为基本营销单元，一个乡镇一个乡镇地做市场，建立市场根据地，然后做成县级市场的龙头老大；其次，当在几个县同时成为龙头后，再发挥根据地之间的协同效应，将县级根据地连成片，成为区域强势品牌；最后，再按照第一、第二步的方针发展成为另外几个区域的强势品牌，然后再连成一片。最终，该企业发展壮大为行业龙头。

上述企业的策略可以称之为市场聚焦策略，或者叫作珠穆朗玛策略。

中小企业可能在全国市场没有名气，但只要其能成为区域龙头，就可以在区域市场内博得名气。现代市场是强者通吃的市场，市场地位是生存的基础，有销量没市场的企业不可能长期立足。

有一家年销量不过五六万吨的小型酿酒公司，他们的市场却做了三个省的60多个县。事实上，每个县的酒市场销量大约有1.5万～2万吨，但他们的公司在那个县的销量却排不上名。后来，他们也是采用该方法，踏踏实实地做好几个县，结果平均每个县的销量都达到了6万吨。经过几年的发展，原来规模差不多的企业一个个销声匿迹，而他们的企业却越做越大，在周边的三个省内成了赫赫有名的强势品牌。

杜拉克说："卓有成效如果有什么秘诀的话，那就是善于集中精力。有效的管理者总是把重要的事情放在前面做，而且一次只做好一件事。""绳锯木断，水滴石穿。"杜拉克的思想实际上符合"矛盾转化论"，如果能把力量集中在最重要的问题上就容易把它解决，而一个重要的问题解决后，次重要的问题就会变为重要问题。按照这样的逻辑，所有的问题最终都会得到圆满解决。

在企业管理中，应该说市场定位是不容易的。刚刚进入市场的企业就像刚刚进入社会的年轻人一样，往往以为自己样样精通，做什么都能成功，所以常常盲目地做事，最终搞得什么也做不好。

其实，做好一件事情的关键是目标集中。做什么事都要沉得住气，浮躁只能使事情变得越来越糟。许多企业一上马便把目标定位得过高，想做大品牌，想成为业界的龙头，结果是眉毛胡子一把抓，没轻没重。这样做，一方面会因为目标过大，又没有细致的规划，出现什么也做不精的问题；另一方面也容易因为精力过于分散，难以在用户心目中形成鲜明的定位。另外，市场战线拉得太长，则会使企业在市场形象塑造过程中花费的代价更大。

就像杜拉克所言，如果你总是做"重要且紧迫的事"，就常常有很多剩余时间。做完"正事"之后，你还会有相当多的时间去做"重要而不紧迫""不重要且紧迫"，甚至是"不重要且不紧迫"的事。

在低绩效或失败的管理者中，好多人最易犯的错误是把"紧迫的事"与"重要的事"混为一谈，把战略与战术、"做正确的事"与"正确地做事"混为一谈。而最没有效率的人就是那些以最高的效率做最没用的事的人。而当你清楚"紧迫的事"与"重要的事"之后，如何"把最重要的事放在第一位"就是最重要的了。

要为企业找到一个专而精的市场定位并不难，关键是考虑两点：首先，要对目标市场进行细分，找到潜力最大的方向；其次，要对自己所能掌握的资源心中有数，扬长避短，把最重要的事放在首位。然后在这二者间找到最佳的结合点，从结合点着手，企业就一定会走向成功。

尊重非正式的团队协作——自组织

如果不存在外部指令，系统按照相互默契的某种规则，各尽其责而又协调地自动地形成有序结构，就是自组织。

1911年，泰勒在《科学管理的原则》一书中提出："通过把工作程序细化成一系列简单的步骤，并测量、优化每个步骤，公司可以让工厂工人的效率大大提高。"泰勒的科学方法是革命性的，那些迅速采用了他的观点并把它们付诸实践的公司往往是最成功的。

他认为，员工本质上是不可预测、不可靠的。正如他在《科学管理的原则》中宣称的："每个员工的工作所包含的科学是如此之多，即使那些很适合做这种工作的工人也没有能力完全了解这些科学。"领导者怀疑工人能否充分了解自己的工作，并能在正确的时间、用正确的方式做正确的事，因此这就需要一个新的雇员阶层来协调并指导他们的行为。几乎一夜之间，职业经理人在整个业界无处不在，他们通过工人的行为并对之进行评价来对工人施加巨大的影响和控制。等级制度仍然占据统治地位，这是妨碍新的精诚协作方式构筑的最大阻力。只有产生新的工人阶层——知识型员工，有着类似于蚂蚁一样的自组织能力，才可以满足消费者对服务和创新的新需求、新期待。

随着技术变革速度的不断加快，企业改革的速度也在加快。在当今世界很少有什么可以确定，除了以下这点：如果一个组织不能对变化以及变化带来的市场机会产生足够快的反应，那么它将与成功失之交臂。

当今最成功的公司针对自身的优势采取变革，只要有新的挑战出现就立即作出反应，甚至能对市场、产品开发及资源需求的变化作出预测。可以理解的是，公司越来越多地需要借助于新的领导和管理模式来帮助其跟上不断加速的变化。密歇根大学商学院教授C.K.帕莱哈拉德曾经为诸如花旗集团、柯达公司、甲骨文这样的公司作过咨询。他说："速度正在成为生存和发展的最重要标准。这就需要尽可能让最接近业务的人作决策，并负有责任感。"

在信息经济社会，员工是公司最重要的竞争优势。那些能迅速调整，并学会如何开发、利用每个员工（无论这些员工担任何种职位）的才能和技术的公司才会笑到最后。

遗憾的是，许多组织不能迅速对市场的急剧变化作出调整，因为它们发现自己被陈腐的等级和森严的管理制度束缚住了。那些被僵化的政策、程序所困，并对员工的巨大潜能视而不见的公司，只能丧失竞争力。

在这种情况下，建立精诚的协作方式已显得刻不容缓。精诚合作的特征之一便是：尊重非正式的团队协作——自组织。

在美国，虽然有上百家行政人员猎头公司，但很少有能与拉塞尔·雷诺兹公司相匹敌的。成立于1969年，总部设于纽约市的这家公司，拥有超过270名负责招聘的精英，在全世界有35家办事处。拉塞尔·雷诺兹公司专门为世界顶级公司招聘高层管理人员，这些公司包括ABC、美国职业橄榄球联盟、凯雷投资集团、联合技术公司,以及皇家安大略博物馆等。

拉塞尔·雷诺兹公司的影响相当广泛,该公司的经营范围涵盖了超过40种行业和业务,包括互联网、技术、媒体、膳食服务、医疗服务、金融服务、工业制造和销售。平均起来,拉塞尔·雷诺兹公司每年会成功招聘3000人,其中40%的人被聘用为主席、行政总裁、首席运营官、首席金融官、首席信息官以及总监。他们所招聘的岗位超过50%都可拿到每年20多万美元的工资。

是什么使拉塞尔·雷诺兹公司持续发展并繁荣,并超过了竞争对手的呢?虽然该公司的成功有许多因素,但是公司强调,非正式的团队协作——自组织,建立于坚定的个人责任和专长共享的基础上,这是至关重要的。通过强调、鼓励和奖励团队协作,拉塞尔·雷诺兹公司营造了一个独特的环境。在此环境中,员工努力互相帮助,竭尽所能地争取公司委托交办的工作。他们既相互独立,又相互联系,形成了一个充满生机的总体。

每周一的上午,在公司的每个办公室,拉塞尔·雷诺兹公司的员工都会开会讨论本星期的新任务。这些会议能够产生促进并改善公司客户服务的新的想法、候选人和资源,同时让每名员工都能得到寻求帮助的机会,以解决工作中的困难。大家通过分享有关要处理的工作信息,甭管好还是不好,都为公司能够得到最后的成功增加了可能性。

拉塞尔·雷诺兹公司还鼓励召开定期的电话会议和经常性的临时会议,以利于不断为员工创造信息和经验共享的机会。团队成员的这些互动,成效显著。拉塞尔·雷诺兹公司投资管理部的负责人理查德·拉那曼指出:"有些最好的想法和最快的行动,其实是我的同事们聚到一起集思广益的结果。"

员工优势是公司最重要的竞争优势。团结而有力的员工团队是振兴与繁荣一个企业的核心。而企业要提升核心竞争力,管理者就要对自组织作出迅速调整，不要被陈腐的等级和森严的管理制度束缚住，被僵化的政策、程序所困，而对员工的巨大潜能视而不见，应量体裁衣、因地制宜，积极开发、利用每个员工的才能和技术，以每个员工的鲜明个性来共建企业的鲜明共性。

打破一成不变的管理模式

当前的社会变革不是一场技术革命，也不是软件、速度革命，而是一场观念和思维方式的革命。

经常可以听到或看到这样的现象：当成功的公司面对市场环境的巨大变化时，它们常常麻木而且迟钝；面对以新产品、新技术和新战略武装起来的竞争者时，它们往往无力自卫，这令人费解而又疑惑。

为何成功的公司会走向衰败呢？经常有人认为问题在于麻痹大意，面对商业环境的迅速变化，公司无力反应，只好束手就擒。但是这一解释不符合现实，在研究那些一度繁荣并在环境变迁中奋斗过的公司时，我们发现能够表明其麻痹大意的证据很少。而恰恰相反，面对困境的公司管理者们总是很早就意识到威胁，并迅速作出积极反应。尽管这样做了，但公司仍然步履维艰。

真正的问题在于，面对困窘，公司就像一个杀毒软件，没有升级自己的程序，公司的管理者沉醉于过去创造成功业绩的管理模式，他们仅仅采用历史上被证明为正确的策略与行动，就像挖洞，他们所做的仅仅是挖得再深一点。

制度往往会僵化。公司获得最初成功的新思想有时会被一种沉醉于现状的僵化思想所取代，当公司面对的市场环境发生变化时，过去的成功模式反而会束缚公司的进步。

成功的管理者不要急于问"我们应该做什么？"管理者首先要静下来

第 04 章
选择与时俱进：改变旧的管理思维模式

想一想"是什么在妨碍我们？"

麦当劳就是这样一个例子，这家公司管理方式的僵化使自己对变化的市场条件反应迟钝。在 20 世纪 90 年代早期，这家快餐业巨人的经营手册有 750 页厚，其规定具体到了每一家餐厅经营的每一个方面。多少年来，这家公司一直重视使工作过程标准化，一切活动均由总部下达指令。这使得麦当劳发展出一种成功的模式，从一个市场发展到另一个市场，确保一致性和高效率以吸引顾客并击败对手。

然而到 20 世纪 90 年代，麦当劳显得墨守成规了。消费者希望吃到有特色的食品和更为健康的食品，竞争者通过提供新的饮食品种来适应这种消费者口味的变化，然而麦当劳对变化却反应缓慢。它历史上的优势——一门心思重视改进大规模生产变成了其弱点。由于饮食品种的改变要得到总部的许可，这家公司就抑制了创新、拖延了行动。直到后来，公司改变了这种旧的管理模式后才有所起色。

目前，有许多企业普遍对管理变革存在着认识误区和困惑。多数企业认为，有了问题才需要进行管理变革，更多的人则是把管理变革当成是一剂扭亏为盈的良药。事实上，管理变革的最终目的并不仅限于扭亏为盈等短期行为，更重要的是通过变革，使企业对变化万千的外部环境作出快速反应，以确保企业能在激烈的竞争中保持优势。因此，每个企业，不论其效益是否显著、是否在行业中成绩斐然，都需要持续性地作出变革。

因此，身为管理者，必须有勇气改变自己的思维，尝试打破自己以往的经验。环境不同了，条件也发生了变化，经验也有落伍的可能。这个时候，管理者必须有勇气跳出以往的经验形成的理念桎梏。

这个道理对于国内企业的管理者来说同等重要。加入 WTO 给中国带来了巨大的发展机遇，它加速了中国企业的成长与成熟，增强了企业的竞争意识，缩短了企业与世界的差距，促进了企业的快速发展。WTO 规则中的国民待遇原则，要求赋予国内企业和外资企业平等的国民待遇，这为解决中国企业特别是非国有企业的非平等待遇问题带来了重要契机，中国企业面临的市场竞争环境不公平、秩序不规范等现象可望得到扭转，从而提高自己的竞争力。

在这种大形势下，国内的企业要想在激烈的竞争中脱颖而出，就必须定义好自己的角色，培养新的理念，学习世界先进企业的管理方式。目标要与世界接轨，制定国际化标准的经营战略。同时，要从企业自身出发，进行文化、制度、机制等多方面创新，改变旧的管理理念和方式。

（1）理念的转变

加入WTO，是挑战也是机遇，要把目光放得长远而且实际，从以前的小市场，单一的产品供给转化为市场的多元化、产品的多样化，培养全球化的思维，自觉地将企业融入到国际竞争的大环境中。

（2）管理方式的改变

中国的企业在国际竞争中要想赢得先机，从而在竞争中争取主动，只依靠国家政策的改善和机制的改变是不够的。增强企业竞争能力，从自身内部提高自己的软实力，也是必不可少的。这其中主要是对管理模式的改变。

新的时代，新的变化，新的机遇。管理模式要改革，要发展，但更要创新。改善管理模式在于科学正确地进行管理工作，在于不改变企业本质、不改变企业效益、不改变企业宗旨的基础上实现其创新。

差异化才是公平

对员工的一视同仁是一种不公平的表现，任何组织内的管理者都必须对所属员工用心进行了解，实行差异化管理，最大程度地发挥员工的能力，从而给企业带来最大的效益。

江苏森达集团本是一个小村子里的不出名企业，但其在短短的十几年的时间内迅速崛起，成为全国皮鞋的一流品牌，成为我国皮鞋行业里举足轻重的"森达集团"。这其中的奥秘就是因为重视人才，对人才与普通员工实行差异化管理。

一个偶然的机会，森达总裁朱湘桂得知台湾著名的女鞋设计师蔡科钟先生莅临上海，而且准备在广阔的大陆市场谋求发展。他十分兴奋，随即赶往上海拜谒蔡科钟。经过双方的沟通和理解，朱湘桂确信蔡先生是他生意场上不可多得的人才，打算聘用，但蔡科钟先生要求年薪不少于300万元。朱湘桂尽管预料到此人身价不低，可还是吃了一惊，要知道在当时，年薪300万元可以说是狮子大开口！但他还是下了决心，聘用蔡科钟。

消息传到森达集团总部，顿时产生了轩然大波，上上下下一片反对声。有的说，他是有能力，但年薪太高，我们的员工等于替他挣钱，不合算；有的说，蔡先生是台湾人，以前只是听说他很厉害，但到底怎么样、适不适合大陆的情况不好说，等他的本事显出来再谈年薪也不迟；还有的说，东河取鱼西河放，实在没必要。但朱湘桂认为，要想留住一名人才就必须给他提供有竞争力的薪酬，实行与众不同的待遇。他向员工们解释说，聘请蔡先生这样的国际设计大师，能够不断推出领导消费潮流的新品种，占领更大的国内外市场，使森达品牌在国内国际叫得更响。

果然不负众望，蔡先生上任后，凭借其良好的开拓精神、深厚的研发功底和对世界鞋业流行趋势的敏锐感觉，把意大利、我国港台和大陆女鞋融为一体，当年就开发出了120多种女单鞋、女凉鞋等高档女鞋品种。这些式样各异的女鞋一投放市场，便立刻成为顾客争相购买的"热货"。一年中，单蔡先生设计的女单鞋就为森达赚回了5000万元利润。一些开始议论蔡先生年薪太高的人在事实面前连连点头，年薪300万元留住一个难得的人才，值得。

平均主义是最大的不公平，在当今社会它已经失去了存在的价值。员工之间的差异在任何组织内都是存在的，且是任何管理者都不可忽视的。如果管理者面对这些客观存在的差异视而不见，而一再强调对员工一视同仁，在企业内部便有可能造成管理层与员工之间的鸿沟，使企业的人力资源白白浪费，丧失掉应有的竞争优势。

管理者只有真正了解这些差异、分析这些差异，进而加以取舍和运用，采取对症下药的方式予以激励，才能真正发掘出员工的价值。

成功的公司不一定要完全与众不同，也不一定要循规蹈矩，关键是找到正确的道路并且坚持走下去。

没有永远的错误，只有不断改进后的正确

对于企业而言，就是要把既定的那个行业领域、那个主导产品和市场不断改进、不断突破，做到最好，做深、做透。

彼得·杜拉克说："管理是实践而不是实施，管理不是了解而是行为。"没有现成的管理条例供你实施，管理是在实践活动中逐步改进，从而找到正确的方法。这就要求管理者在管理实践中勇于探索、勇于犯错、勇于承担责任。有责任才有动力，有目标才有方向，有实践才能改进，有改进才能正确，只有这样企业才会一步步地走向成功。

一直引领着电子产品新潮流的索尼公司，曾在《财富》杂志年度世界500强排行榜上排名第31位。但很少有人知道，它的前身是一个街道小企业。创始人之一的盛田昭夫从零开始，历经曲折、坎坷，带着索尼一步步走向辉煌，最终把它做成了跨国公司。

1946年，索尼公司的前身——东京通信工业公司成立了，这是盛田昭夫与井深大一起奋斗创建的。公司开创不久，他们就取得了进展，他

们利用自己在物理学方面的专长研制出了磁带录音机及磁带。这种录音机比原有钢丝录音机具备三大优势：第一，革新了技术，使用方便；第二，录放的音质高，效果好；第三，比原来的成本大大降低。在有关专家鉴定的时候也是好评如潮，很多人都认为这种新型录音机一定能畅销。

盛田昭夫怀着激动的心情把它推向了市场，但是结果很出乎众人的意料，这种录音机不被大多数购买者所接受。后经多方论证，原来是很多人还不清楚这种产品是干什么用的。于是，他开始大量搞推销宣传活动。他用汽车拉着产品，到公司、学校、商店以及任何人群聚集地去展示新产品。当用这种录音机录下人们的谈话，然后再放出来时，所有的人无不感到惊奇万分。而经过一段时间之后，购买的人却依旧很少，这是为什么呢？原来大家都有同样的感觉：这东西确实很新鲜，也很实用，不过，如果把它买来做娱乐，价格就有些贵了。

事实让盛田昭夫非常失望，他一度怀疑自己是不是错了，压根儿就不应该生产出这个东西，不过他还是坚持着自己的信念。有一天，一件偶然的事情却让他明白了。他在一家古玩店发现：有一个非常破旧的瓶子，在别人眼里看来是没有什么实用价值，结果一位顾客毫不犹豫地以高价将它买下了。这件事让盛田昭夫茅塞顿开：原来不是产品的问题，而是自己销售方式的问题。任何事物对于适用者才有价值，正所谓物尽所值才能物尽其用。一定得面向能用得到它的人来推销，那样新产品才会畅销。

杜拉克认为："有效的管理者能够排除任何影响他们工作的障碍。"任何人都一样，工作中没有障碍几乎是不可能的，但是有效的工作者一定能够克服困难、排除障碍。盛田昭夫无疑就是这样的人。

后来，盛田昭夫偶然得知，一些企业缺少速记员，有的公司的速记员不得不经常加班，于是，他马上带着自己的产品去推销。果不其然，很快就有企业大批订货了。一次成功的推销,使他开始认真地研究市场。当时的日本,学习英语的风气已经普及开来,很多学校都开设了英语课。但是当时的英语老师不多,而且学习英语要练习口语和发音,没有一种十分适合学习英语的工具。得知了这一情况,盛田昭夫和井深大针对学校的实际情况连续废寝忘食工作了几个昼夜,克服了一个又一个难题,设计并制造了一种价格低廉、体积小,适合学校使用的磁带录音机,结果在当地的学校大受欢迎。就这样,录音机便迅速普及到全国各地的学校。销路一打开,磁带录音机成了热销货。

连续的困难给了盛田昭夫和井深大很多的阻力,他们的公司也一度受到质疑,但正是勇于创新和探索的精神在支撑着他们,他们也因此获得了丰厚的回报,索尼公司由此奠定了一个坚实基础。

世上没有绝对的事。谁也不是神,没有任何一个管理者能够做到万无一失。在管理过程中,要主动为自己设定工作目标,并不断改进方式和方法。遇到问题是正常的,不要退缩,要认真思考,看问题出在哪一步,然后再想出解决的办法来。管理中没有绝对的正确,也不会有永远的错误,只有放弃和不断改进后的正确。

社会永不停止变革,时代永不停息进步。因此,在商界,顾客会发生变化,市场竞争格局会发生变化,市场地位和占有份额会发生变化,当然,企业管理也会发生变化,而且变化速度之快常常会令企业家有应接不暇、无所适从的感觉。由于变化太快,过去很有名望的预测专家都失去了水准,谁也不敢对无法预测的未来妄谈什么。许多缺乏创见的企业家因为害怕莫测的未来而只能紧紧依附于过去的经验。

现实中,大量的实例告诉我们,在这个瞬息万变的时代,企业面临的机遇和挑战并存而且是势均力敌的。市场竞争的格局改变了,顾客的消费方式和选择改变了,变革本身的性质也改变了。最重要的是,变革已经成为大部分企业发展的手段,它普遍而且持续。企业之间的兼并和收购时刻发生，同时也时刻改变着市场的结构和稳定。新材料、新技术的不断出现，顾客需求和期望的不断上升，使得产品的生命周期急剧缩短。所以，现代企业要应对变革的形势就必须进行文化上的变革。

市场带来的变化，企业要时时刻刻想办法应对，但是同时，企业的决策本身就有一定风险性，任何人进行冒险决定都有犯错误的可能。一个企业的发展过程，就像一个人的成长，三灾五病，磕磕绊绊，不可能不出现差错和失败。如果失败了，就一定要承认自己的错误，并且在认真总结后吸取教训。

在企业管理中，没有永远的正确，也没有永远的神话；不会有永远的错误，也不会有永远的罪人。昨天的"异端"可能是今天的真理，昨天的"真理"可能就是今天的错误。或许你已错过，或许你的错误还没发生，但你一定要相信，在管理的过程中没有不犯错误的，关键是错了能够及时改正。

丢掉背上的猴子

有位企业的管理者坐在一个饭店的角落孤独地喝着酒，看起来黯然神伤。一位热心于生活的人走上前去问道："先生，您一定有什么难题，不妨说出来，让我给您帮帮忙。"

管理者无神地瞥了他一眼，冷冷地说："只有上帝才能帮我的忙，你是上帝吗？我的问题多得像我的头发。"

这个人没有放弃，继续邀请他到自己的办公室去一趟。盛情难却，这位管理者跟他走了。

走了很久，这位热心人向前面一指，说道："走，我带你去一个地方。"管理者很纳闷，但还是跟他去了。

热心人把管理者带到了荒郊野外的一片坟地，热心人指着坟场对管理者说："看看吧，我亲爱的朋友，只有躺在这里的人才会是没有问题的人。"管理者恍然大悟，连连点头。

管理者一旦患上了事必躬亲、亲力亲为的"职业病"，就会被"琐碎的多数"纠缠得无暇顾及"重要的少数"。聪明的管理者应让员工明确自己的角色和任务，"谁的猴子谁来背"，他们要做的只是千方百计提高下属们的工作效率，必要时辅之以检查。

为了避免工作混乱和低效率，加强员工之间、部门之间的合作与协调，管理者必须要让每一个下属都明确自己的任务与角色。为此，需注意以下三点。

（1）让下属了解工作流程

为了企业的发展与壮大，当然要不断雇用员工，但是绝对不要付薪水给碌碌无为的人。因此，企业的管理者有责任、有义务来培育能够适合本企业岗位需要的职员。

为了促使下属完成工作，企业领导者必须要教授整个工作的流程。

①告知企业的结构和布局，以及该员工在企业中的角色和地位。

②让员工理解企业的工作流程，包括任何细节方面的操作。

③让员工明白企业的效益、成本和产品售价之间的利润差价，以及转化的过程。

（2）让员工明确自己的工作流程

在企业中，由员工单枪匹马工作的情况已经不存在了。除了规模相当小的公司外，全体员工团结一致既是趋势也是主流。

企业的核心竞争力是产品与员工。因此，在平常的工作中，管理者必须要经常灌输唇亡齿寒的道理。管理者对下属的教育和指导，目的在于促进下属更快、更好地掌握职业技能，找准自己的工作感觉，以便融入到整个工作系统中来。

所以，任何时候都要关注员工的培养和成长，在这个过程中不能麻痹大意，因为很有可能你的疏忽会导致他工作中的错误，给企业带来不可估量的损失。尤其是在交付工作时更要细致入微，使其产生一种责任和使命感，否则，只会频频发生疏忽错误、越权行为、不平不满等后果。

企业的业绩是全体成员齐心努力合作的成果，每一个人如果都在自己的岗位上全力以赴完成所肩负的任务，必然会获得最好的效果。

（3）告知下属应做的工作

刚刚工作的员工，其经验会有欠缺不足。管理者对下属布置任务时，经常会说："你应该做的事就是这些。"

所谓"就是这些"是指：

①给予员工的是什么工作；

②给予员工顺利完成工作的条件。

如果不详加解释，下属自然无法掌握办事准则，结果肯定会令人失望。管理者如果完全不予解释说明，而只是口气强硬地交代工作，不但无法获得下属的合作与理解，甚至会在员工心里产生抵触情绪。

有布置而无检查，是领导者失职的表现。虽有检查，但不得其法，缺乏这方面的管理艺术，也收不到良好的效果。根据许多成功的经验，要做好检查工作，管理者可以从以下几个方面去努力。

（1）不要为检查而检查

在检查之前，管理者自己要明白是为了什么而检查。当然是为了检查下属的工作是否执行，是否做到自己理想当中的状态。检查不能单独进行，要包括工作的整个系统的和细节的落实程度，同时，检查的过程也是搜集资料、掌握信息、考察下属的潜质和能力的重要渠道。

如此看来，检查是工作中的重要一环，对企业的生产效率有着深远影响。因此，作为一个合格的管理者，掌握检查这项技能就显得十分重要而且必要了。在检查时，不能抱着为检查而检查的心态，而是要把这种重要的工作看成是企业管理流程中一个突出而且需要下大力气完成的工作，坚持标准，不能草率，从严要求，从而达到高质量、高效益。

（2）事先要有准备

不能打无准备之战。检查工作需要认真、细心，不能马虎。除了这点之外，更要在检查前了解所要检查工作的性质，做到心中有数。对带有明显倾向性的工作更要以身作则，不能偏袒放松。做好准备，是为了在检查中对待出现的问题有针对性地加以解决。不然，漫无目标的检查不但耽误管理者自己的时间，而且更会使下属对管理者的权威性产生怀疑。

在检查中，作为管理者，要突出重点、抓住要害、掌握关键，不然会收效甚微。小项目不能松懈，大的项目更是要认真。对于大的项目工作，在检查之前最好做一个详细的计划，比如：准备如何配备人力，在什么情况下去检查，要采取哪些方法，要达到什么样的要求等等，都应该做好准备。

（3）检查要有标准

检查工作没有标准，就正应了无的放矢这句话。但也应该注意的是，这里所说的标准应该是一种弹性的标准。一般在安排工作之前都会有一个计划，比如在完成后应该达到一个什么样的标准，但是这个标准也不能一概而论。正所谓计划赶不上变化。因此，在检查时，一般来说，应以原计划制定的目标为标准，如果完成的工作达不到原计划的标准，就谈不上完成检查。同时，也要坚持主观认识符合客观事实，不能用原计划的标准套用任何工作成果。而一个弹性标准，则不违背原则，并能在不损害企业利益的前提下上下浮动。这是一种人性化的检查模式。

（4）搞好三个结合

①跟踪检查与阶段检查相结合。所谓的跟踪检查是指检查伴随着工作进程，以便检查工作的实施情况，及时地发现偏差，随时解决；而阶段检查则是指工作进展到一定程度的时候，对这一阶段的情况进行检查、总结经验教训，有利于下面的工作顺利进行。这两种检查缺一不可。如果只

抓阶段，没有跟踪，那么执行工作当中容易造成员工的放任自流，失去约束控制。等到工作结束时，再来纠正偏差，往往尾大不掉，损失过大。反之，只有跟踪检查，而没有阶段检查，就看不到工作的连续性和完整性，也无法进行调整与比较，更谈不上经验及总结了。因此，企业管理者必须要把二者有机地结合起来。

②由上而下检查与由下而上检查相结合。一个项目工作的计划目标、方案意向是由企业管理者决定的，因此，管理者对于它的作用和目的，甚至是各个细节的施工心里都清清楚楚。而执行方案的活动，则是由基层的下属员工进行的。因此，检查总结工作必须要把双方都调动起来，双方结合，这样不但有利于信息的交流和沟通，达到互动积极的效果，而且更有利于工作的顺利进展。

③专门班子与管理者相结合。现代化的生产过程，没有人可以一手遮天，独立完成一个工作流程。管理者也是这样，即使是最有才干的人也无法通过自己来检查一切工作、掌握一切信息，更不要提发现问题、处理问题了。所以在检查工作中，应当充分发挥反馈系统、监督系统等职能机构的作用，或者组成临时性的专门班子，吸收专家参与工作。

要注意的是，企业管理者亲身参加检查也是绝对必要的。因为检查工作是一种细致入微的技能，考验的是一个管理者的综合能力。不亲身参加，就难以对贯彻执行决策的情况有深切了解和亲身感受，无法作出恰当的指挥和计划，当然也就不能充分发挥检查工作的作用，对于后续的决策也会产生不利影响。

一个放不下的管理者，会被大事小情所淹没，销售搞不上去，税务又来查账，下属闹着要跳槽……一堆堆的事情搞得人头昏脑涨。其实只要充分发挥每位员工的能动性，及时做好检查工作，完全可以解决大部分问题。管理者要放下沉重的包袱，让下属充分利用自己的权力来解决自己的事情。

执行"精简高效"不容拖沓

少而精有两层意思：一是使用少数精干的人员；但也有更重要的一层意思，即因为人少，人们就更有可能变得精干。

有一天，梭鱼把泥鳅逼到无处可逃的角落里。泥鳅一见大事不好，就说："您呀，亲爱的大娘，忏悔了没有？"

"没有。"

"那么，我先替您忏悔，然后您再吃我好了。"

梭鱼问："你预备在哪儿给我忏悔呢？"

"那边有座教堂。"

梭鱼信了泥鳅的话，和它一起去往教堂。可是泥鳅却把梭鱼领到了鱼笼前，说："你随我进来。"

它们钻进了鱼笼，梭鱼长得大，没法后退，可是对泥鳅来说呢，这个鱼笼真像有十七扇门。它飞快地钻了出去，还绕着鱼笼游了一圈，对梭鱼说："在那儿呆着吧，虔诚的女信徒，等渔人神父来吧！"

泥鳅面对梭鱼的威胁，敢于行动，引领梭鱼进入鱼笼，自己则乘机逃脱，这是它最好的逃险方法，也是它真正的"精简高效"。梭鱼再气再怒也无济于事。

在企业管理中，管理者应多学学泥鳅的方法，企业要避免危机、要逃脱危险，就应该"精简高效"，而且一定要在行动上下狠斧。

一是动手要果断快速，决不能拖拉，拖拉也就失去了效益，也就失去了抢救的时间。

二是减裁机构臃肿是一种方法，但一定要下狠斧，有时应做到无情。人与人之间的感情是原则问题的绊脚石，企业管理者一定要把绊脚石踢开。

三是对生产线的改造也要下狠斧，要引进先进的技术，不能抱残守缺、不知更新。

四是制定一系列完善的代理方式，以利于新产品上市的快速流通。

吉德拉即是利用了他的果断实现了精简高效。

1899年，乔瓦尼·阿涅利与他人联手创办了一家汽车公司。1906年，阿涅利将公司定名为意大利都灵汽车制造厂，后来改制为了股份公司。F.I.A.T.（中文音译——菲亚特），既是公司名称的缩写，又是产品的商标名称。

1949年，阿涅利的孙子贾尼·阿涅利被指定为菲亚特公司的副董事长。1966年，他被正式推举为菲亚特公司的董事长。在阿涅利的领导下，菲亚特公司发展迅速，旗下的菲亚特汽车公司成为意大利最大的汽车制造企业，也是世界最大的汽车公司之一。

但是，20世纪70年代前期的10年间，国际汽车市场疲软，在意大利本国工资升高、物价上涨的情况冲击下，再加上公司内部出现了管理问题，菲亚特汽车公司经历了历史上最不堪回首的日子，公司连年亏损，在世界汽车生产商的排名榜上名次接连下跌。此时，菲亚特集团的决策层中有不少人力主甩掉汽车公司这个沉重的大包袱。消息传出后，菲亚特汽车公司上下一片恐慌，都不知哪一天公司就会被卖掉或是解散。

1979年，阿涅利任命47岁的维托雷·吉德拉出任菲亚特汽车公司总经理。吉德拉能给员工们的心神不定带来什么呢？

吉德拉举起了他的"三板斧"中的"第一斧"："我们要大幅度地进行机构调整，大家要有足够的心理准备和承受能力。"吉德拉严肃地说，"菲亚特汽车公司机构重叠、效率低下，是导致企业缺乏活力的重要原因……"吉德拉动手果断。很快，他关闭了国内的几家汽车分厂，淘汰冗员，职工总数一下子减少了1/3，由15万人降至10万人。

这次机构改革的另一个重点是对菲亚特汽车公司的海外分支机构的调

整。这些海外机构数量众多，但绝大部分效率低下，所需费用却很庞大，经常是入不敷出，成为公司的沉重包袱。吉德拉毫不犹豫地撤掉了一些海外机构。他停止在北美销售汽车公司，还砍掉了设在南非的分厂和设在南美的大多数经营机构。

吉德拉的"精简高效"遇到了强大阻力。菲亚特汽车公司的员工人数在意大利首屈一指，被称为"解决就业的典范"，这次裁减人员的数量如此巨大，自然会引起各方的议论。但吉德拉丝毫不为所动，坚定地完成了计划。

吉德拉的"第二斧"是对生产线的改造。吉德拉通过在工厂的实地调查，认为公司技术落后、生产效率低下是造成它陷入困境的重要原因之一。吉德拉大量采用新工艺、新技术，利用计算机和机器人来设计与制造汽车。正是根据计算机的分析，使汽车的部件设计和性能得到充分改进，使其更为科学与合理化，劳动效率也随之提高。

新工艺、新技术的采用带来的另一个结果是公司的汽车品种和型号大大增加，更新换代的速度大大加快，这就增强了菲亚特汽车的市场竞争能力。

吉德拉的"第三斧"是对汽车销售代理制的改革。过去菲亚特汽车的经销商不需垫付任何资金，而且在销售出汽车后也不及时将货款返回菲亚特，而是占压挪作他用。这使得菲亚特的资金周转速度缓慢，加重了公司的困难。

吉德拉对此作出了一项新的规定：凡经销菲亚特汽车，必须在出售汽车前就支付汽车货款，否则不予供货。此举引起了汽车经销商的强烈反对。但吉德拉始终坚持己见，结果有1/3的菲亚特汽车经销商被淘汰出局，其他的都接受了这一新规定，这大大提高了菲亚特汽车公司的资金回笼速度，减轻了公司的财政困难。

在吉德拉的主持下，菲亚特汽车公司通过一系列改革，成效显著，重新焕发了活力。

管理者精简机构，可以激发人们对工作的紧迫感，提高工效，因为"人才常常是在工作多而人员少的地方冒出来的。每个人只有把自己的工作担子加重，干着超过自己能力的工作，才能在经受困难的折磨后造就人才。"

组织机构对于企业来说就是身材和衣服的关系，身材瘦小，却穿了一件肥硕的衣服，怎么看怎么别扭，而且还影响行动。因此企业需要对机构进行撤销归并，组织并组建适合企业发展的健康的组织机构，适当地精简结构，划分好企业各个阶层的职责，再据此配备职员，挑选胜任的员工，以提高组织机构效率。

企业的目的是创造顾客

管理大师杜拉克提出："要想知道什么是一个企业，必须从理解企业的目的开始。企业的目的只有一个：创造顾客。"因为他认为："只是强调利润会使经理人迷失方向，以至于危及企业的生存。"许多企业经理人片面追求"利润最大化"这一传统意义上的企业目标，为了眼前的利益竭泽而渔，因此损害了企业未来的长远发展。

杜拉克所说的"创造顾客"，则意味着企业要着眼于长远发展，有效地开发和利用各种资源，向顾客提供优质的产品与服务，尽可能地满足顾客的要求。只有不断地"创造顾客"，才能实现"满意的利润"，促进企业长期稳定地发展。

许多企业常犯的一个错误是不知道自己的顾客是谁。谁是企业真正的顾客呢？按照80/20的帕雷托法则，企业中80%的利润是由20%的顾客创造的，在80%的顾客中可能有20%是不带来任何利润的顾客。因此，企业不必要同每一个顾客都建立一种关系，也不必要对每一个顾客花费同等的精力。企业需要把握的是那种能够为公司带来丰厚的利润和永续经营的保障的忠诚顾客经营群体。

有人说:"即使换了天使当CEO,他也要变着法子去赚钱。"其实这并没说错,尽管经营企业的目的不仅仅是赚钱,但企业必须要赚钱。前面已说过,赚钱就需要满足顾客的需求。对于一个企业而言,企业想生产什么并不是最重要的,最重要的是顾客想要什么、需要什么。顾客的认知价值决定着企业的一切。顾客的认知价值是什么?许多企业管理者都认为:价值就是他们在企业中所规定的质量。但是,从现实来看,这是一个错误的论断。

顾客认定的价值往往不是产品本身,而是一种满足需求的价值,换个说法就是产品或服务为顾客带来了什么效用。美国通用汽车公司卡迪拉克汽车事业部的掌门人德雷斯沃曾经说过:"卡迪拉克汽车是同钻石和貂皮大衣在竞争。"其实上他是在说明:买主购买卡迪拉克时不是购买"交通工具"而是购买"身份地位"。顾客的需求十分重要,但是企业的产品不可能满足所有的顾客,那就需要自己创造顾客。创造顾客的方式也是多样的,下面看几个创造顾客成功的事例。

生产满足顾客需求的产品是创造顾客的根本方法。例如:对于年轻姑娘来说,一件衣服的价值在于其时尚的款式。衣服必须要"时髦",价格倒是她考虑的次要因素,而质量几乎不在她考虑的价值范围。若干年以后,这个姑娘成了一个母亲,款式就成了相对次要的条件。她可能不会买那些过时的东西,但是她首要考虑的是舒适、价格、耐用性等因素。

降低利润是创造顾客的方法之一。杜拉克说过:"必要的最低利润,是维持企业继续生存和发展的保证。"沃尔玛公司创始人山姆·沃尔顿常说:"我们替顾客多省一美元,就等于在竞争中向前迈进了一步。所以沃尔玛'创造顾客'的经营实践就有一点是:为顾客省钱,让消费者满意,不断扩大顾客群体。"为了向顾客提供满意的服务,公司保证"无条件退款",对任何商品,无任何理由,甚至没有收据都能退货。

良好的服务是创造顾客的另一个方法。有一个众所周知的营销故事:某位专门推销鞋的推销员到一个海岛上去推销鞋子,但他很快就失望而归,原来这个岛上的人从来不穿鞋,他们都是赤足走路。当另外一位推销鞋的推销员来到该海岛的时候,他留了下来,并卖掉了所有的鞋。原来他先教会当地人穿鞋,然后再把鞋卖给他们。他成功的原因在于为顾客提供了到位的服务。

把握消费者的心理是创造顾客的又一个方法。20世纪80年代初,国产冰箱名牌林立,但后来只剩下海尔等品牌长销不衰。根本的原因是由于海尔等抓住了消费者的心理。20世纪80年代初期,人们的生活水平还不高,市场供应与人们消费的高峰都在逢年过节时期,这时人们都要买很多吃的东西,而且保存期比较长,人们买冰箱时就喜欢要大的冷冻室。后来,随着生活水平的提高,市场供应充沛,人们都开始追求新鲜食品,相应的就需要大的冷藏室。一些老牌冰箱厂家由于没有预测到这些变化,结果致使大量产品滞销,而海尔等企业则因把握了消费者的心理而后来居上。

美国玩具商"孩之宝"公司,当年在中国就成功地创造了玩具"变形金刚"的顾客群。"孩之宝"公司经过周密策划,将一套"变形金刚"动画片免费赠送给中国的一些大城市电视台播放。当孩子们被荧屏上的"变形金刚"形象深深吸引时,"孩之宝"公司将"变形金刚"玩具投入市场。动画片成功地引导了消费,创造了众多的中国小顾客。"变形金刚"价格虽高,但视孩子重于一切的中国父母舍得花钱满足孩子。结果玩具"变形金刚"进入中国市场后,独占了当年中国玩具业年销售额的30%。从这一实例中不难看出,引导消费的魅力有多大。

不论企业制定的目标和方针如何,万变不离其宗,都是以赢取更多的顾客为最终目的。所以说,企业目标的惟一有效定义就是创造顾客。

创造顾客的方法有很多。首先，公司是一个以满足社会需求为目的，将人们联合起来的社会结构，所以首要任务是了解消费者的需求，研究消费者心理。通过研究消费者心理，预测未来市场，赶在竞争对手之前研发并推出适合消费者心理需求的产品，方能占领市场先机。

其次，降低利润，提高服务，这也是创造顾客的主要方法。现代管理以顾客为中心，必要时需割舍一定的利润，并将被动销售变为主动服务，由此保持自己在公众中良好的形象。这也是企业挑战竞争、战胜未来的有效方略。

最后，善于引导消费，将潜在的顾客变为现实的顾客，这是创造顾客的营销技艺。

山姆·沃尔顿曾说过这样一句话："我们的老板就是我们的顾客，是他们每月付给我们薪水，只有他们有权解雇上至董事长的每一个人。道理很简单，只要他们改变一下购买习惯，换到别家商店就是了。"可见，企业管理者不能片面强调以追求利益为目标，要追求的应是企业长青，否则只会赢了现在而输了未来。企业要生存与发展就必须将产品卖给顾客，只要企业产品能满足顾客的要求、赢得顾客的信任，那么顾客就会购买你的产品，你的企业才会有未来。

第 05 章

提高管理效能：领导者的自我修炼

让每个员工都赞赏你的品格

如果作为一个管理人,能让每一位员工都从内心赞赏你的品格,那么就可以轻轻松松地指挥任何人了。而要达到这种境界,其实很简单,只需你从塑造自我做起。

以下是美国某大公司的一个成功管理人员最初塑造自我的简单方法,有兴趣不妨一试。

(1)让每一个员工都感到自己很重要

几年前,有人在劳伦斯那里学到一个信条,他说在每个人脖子上都挂有一个无形的胸卡,上面写着"让我感到我的重要"。

这句简单的话揭示了人与人相处的关键之处。其意思是说我们每个人都要求得到别人的承认,我们有情感,希望被喜欢、被爱、被尊敬,要求别人不把我们看作是个自动机。

(2)记住别人的名字

给人亲近感的最简单方法就是以名相称,特别对那些和你没有工作上来往的人。

在公司里,一声"早安,莎莉"(伴随着微笑),会缩短你们之间的距离。莎莉回家后告诉她丈夫:"说起来你不相信,我们工程部副主席居然会认识我,还叫了我的名字。可我只是技术中心的一个小人物啊!"

(3)深入基层

首先,作为一个管理者应知道谁在干活儿。杰克是新来的管理者,他常深入基层,向员工们请教一些技术性问题,他们很骄傲地描述自己所从事的工作,显示他们的技艺。杰克从中学到了许多在办公室里学不到的东西。

另外,它给杰克提供了一个学习人们自身甚至是工作以外的有益东西的机会。杰克了解了他们的业余爱好和家庭状况，他们所存在的疑问和长远打算。反过来，杰克也把自己的事情告诉他们。最重要的是，杰克结识了除办公室以外的其他人。

（4）宽容员工

宽容是容忍我们不同意的事。

举个例子说，你的助手正在与材料试验室、工艺部门和台架试验部门打交道，以求得实验的最终成功。但是，你知道找工艺部门根本就没有用处。过去，他们只会提出问题而不能解决问题。即使这样，你是不是应该在责备其之前保持冷静，让其提出一个经过试验的最终设计方案呢？

（5）"一分钟新管理者"

实现真正的宽容，要按某种方式和同事工作。"一分钟新管理者"就是这种方式的简单化解。它要求所有的人都制定出自己的工作目标，即每个人都积极参与自己目标的制定过程。一旦付诸实施，人们就要知道做什么、应该怎样做。

如果执行得不好，如拖沓、怠慢，你就应及时向有关责任者指出，切不可拖着不处理。

如果没有一分钟表扬，你将会怎样？你会想"我干吗这么卖力？没人关心我工作干得好坏。我是多么富于创造和卓有成效，而普通泥匠却和我挣得一样多。"

（6）"表现人性的一面"

最有益于管理者、同僚和下级之间沟通及理解的两种方式是：

①有错认错；

②公开批评自己。

曾经有过这样一句话："如果你犯了错误，必要时，自己走上断头台，让人家砍头好了，通常大家会谅解的。"这句话有一定的道理。

另外，幽默感和自嘲是很有益的。它表明你是一个人，一个普通的人，而不是老古董。幽默感常常能使你摆脱尴尬局面，化干戈为玉帛。

（7）帮员工发展自我

我们在某方面培训人才时，实际上就是在一个更大的范围内为他们打开机遇的大门，来开发他们还未利用的能力、技巧、资质和智慧，使人们超越自我成为可能。

你给员工一项工作，他在完成时运用了自己的新发现能力，这样你就帮助他发展了自我，你和他会共享到其中的乐趣。反过来，也使其增强了自信心，便于他今后在前人没走过的路上去迎接更大的挑战。

如果他跌倒了，你就在旁边加以指导，使他能重新爬起来，鼓励他，来克服他对第二次失败的恐惧。

（8）不搞独裁和专制

作为一个上司，不论多么聪明和富有创造力，也不可能像6个、12个乃至更多的助手那样面面俱到，只有集体的智慧才是取之不尽、用之不竭的。在制定计划时，向每一个参加者灌输占有意识。而且，作为一个管理者必须要去适应一个生机勃勃的集体，而不是压制它，也不能要求集体买你个人的账。

（9）对所爱的人不可苛求

在工作方面，杰克一向是宽容的、理解的。他可以谅解他的员工因不慎而导致的差错。但在家里，同其妻子、孩子则不尽如此。直到几年前，他才找到了原因：他把所爱的人偶像化了。他要求他们尽善尽美，非绝对而不接受。这个时候他才认识到，他的家庭成员与其他人一样都是普通人，他们不可能做到尽善尽美。

（10）听别人说

不知你注意到了没有，当我们同别人交流时，如果总是说，就学不到什么东西，只有在创造性地倾听时才能学到我们想要学到的东西。因而，让别人说，尽量给别人以表达的机会，倾听他们的意见、悲伤和情感吧。

（11）切忌猜疑

有句俗语说得好，"猜疑把你、我都变成了蠢驴"，然而，我们还是经常推断别人的反应和行为，以为事物是不变的、人是不变的。有时，我们根本观察不到事物已在不知不觉中发生了微妙的变化，而该变化可能促使人们采取与过去有所不同的行为方式。

在这里我们谈到的11种人性化管理，实际上是要求一个管理者从塑造自我品格开始，把人性的东西融入到实际的管理工作中去，并不断地学着应用，才能指挥有方、战无不胜。

了解自己是怎样的一个人

在一个企业里，最令人困惑不解的现象就是一个管理者明明干得挺好，但是突然间他的发展却完全停顿了。

这是由于他们完全忽视了最重要的"顾客"——自己。

仅仅因为管理者工作出色并不能够保证他在公司得到迅速升迁和他在公司的地位，不管是否公正，作为管理者必须要考虑其他一些因素。要想在今天强手如林的世界崭露头角，管理者应该做的最有效最简单的事情是了解自己是一个怎样的人。同时，管理者应该对上司和同事的态度、思想保持敏感。

下面是影响管理者晋升和阻碍其事业发展的十大因素：

（1）不了解公司为什么雇你

各级管理人员之所以能够存在的原因很简单，那就是：维持老板的形象。你要是不相信，可以问问你的上司。如果你是老板，那么去问问股东们。

（2）犹豫不决

也许犹豫用在控制不合时宜的激动方面能起到很好的作用，但是当事情与你的老板有关时，犹豫不决对你的事业就显得绝对不利了。对老板的命令置若罔闻，老板会总是记住，进而影响到你的名声。

（3）把所有的晋升都当作喜事

彼得原则说明：在等级制度中，每个人都可能被提升到他所不再能胜任的水平。大概人人都知道这一规律，但很少有人会认为这条规律对自己也适用。水平低下的经理则会更快地达到这个极限。所以说，并不是每次晋升都符合你的利益。一次不符合你专长的晋升只会让你感到迷茫和无路可走。

（4）对企业文化的忽视

"企业文化"一词让大家耳朵都听出茧子来了，然而事实上这是许多公司内的现实生活。

如果大家工作上习惯于合作，你自然也不会去抢镜头、出风头；如果大家都一天工作12小时，你也不能例外。如果你非要和大家不一样，那么就应该处处超过别人。

（5）希望得到每个人的好感

最好的主管肯定受人尊敬，也可能受人爱戴。你如果想继续作出坚定而又正确的决策来，就应该根据实际情况来确定你的决策，而不是你的同情心和个人感情。不要为了得到大家的好感而使决策产生偏差，那样绝对得不偿失。

（6）抵触决策层的良性变化

一个机构的决策层如果有了变化，其目的一定是想进一步改善这个机构，而不是什么个人恩怨。

而许多管理者却不明白这一点，大都从个人角度来看待新领导的到来。于是，他们对新的领导者抱有抵触情绪，这样一来，领导者对他们也会产生抵触情绪。结果谁失败呢？

新老板一到，一般是大变化的开始，所以最好是不要不理睬，也不要低估他们。

（7）不说不该说的话

要想成功，就不要过于轻信别人，如果你必须要倾吐你对某个同事或上级的看法，最好是留着回家去说，尖刻的话会很快传到你的老板那里，最终倒霉的还是你。

（8）行为自相矛盾

对形势作出的有预见性的反应，并不意味着你这个人枯燥无味、缺乏想象力；恰恰相反，在大多数日常事务中，最需要的是实在的稳妥的判断，而不是创造性。

对你的上司和下属来说，你的反复无常最令人恼火，今天对受到挫折大发其火，下一次对同样的事又从容对待，会让人觉得无所适从。

（9）不能负起该负的责任

有些管理者自高自大，认为错的都是别人，出了问题不愿也不能负起该负的责任。管理者要做到出了差错既不埋怨别人也不迁怒别人，是你的责任就要勇于承担。

（10）不能身体力行

如果你不能身体力行，让别人加班就不妥当。同样，如果你不是时时注意对你的部下加以指导，你就不应该指望他们按照你的方式去工作。

你是不是在以上的10条因素中找到了与自己相符的地方？如果找到了就尽快去改正吧，否则它将会是你管理道路上的巨大阻碍。

树立权威，首先我是"老大"

权威是从内部自然产生的，是从一个人内在的实力和人格中自然渗透出来的。

领导权威是一切人类社会活动的客观需要。多数个体进行协作的劳动过程的联系和统一都必然要表现在一个指挥的意志之上，这个"指挥的意志"就是领导权威，无论处于人类社会的任何阶段，在任何体制下，都不可能没有领导权威，它是一切有组织的人类社会活动所必备的要素。

作为一个管理者，要在众多下属面前具有说服力就应充分树立自己的领导权威，否则，企业就会成为一盘散沙。

权威并不是一个人与生俱来的东西，它是通过后天培养的，也许有人认为要培养权威是件很难的事，但事实上真的很简单。

譬如你今天开除了一个部属，他要好的同事可能会当着许多人的面问你："听说某某被你开除了？"面对这种近乎是挑衅性的询问，你是一个管理者，就应该拿出权威来，直截了当地告诉他们："是的，对他来说这可是咎由自取！我们的客户总是在抱怨，而他却不在乎。"

在日常工作和生活中，管理者的言行要给人以权威感。一般来说，有以下十条简单可行的方法值得大家参考：

①发布命令简短、明了，并且表现得好像要求别人毫无疑问地服从。

②对那些你无法接受的要求，应当立即且坚定地作出适当的回答。

③把自己私人的生活和问题留待自己解决。

④不要随便询问你部属的私人生活，除非这样对工作有直接的影响。

⑤以平和的态度接受成功，把成功归于你的命令被忠实执行的事实。

⑥用比正常略微缓慢的语速清晰地提出问题，等候回答。

⑦当你和别人说话时，不要直视他们的眼睛，而应看着他们前额的中央眉毛上方半寸高的地方。这样他们就很难让你改变脸上的表情，而这个表情通常就是你准备让步的第一个迹象。事先准备好一个结束谈话的结尾，这样示意谈话结束，可使你免于显出笨拙样子的尴尬。

⑧不要尝试强迫别人立即付诸行动。大部分人会觉得受到压迫，需要

一点时间用来整理一下思绪。虽然你显露权威后他们还是会行动,但是最好让人有个缓冲期。

⑨不要期待在那些你采取如此手段对待你的人当中交到任何朋友,也不要试图算计任何人。

⑩当你出错时,不要承认这是你个人的错误,比如,不要说"我错了",而是说"问题可以处理得更好"。

正如装疯的人最后可能真的会变成疯子,努力培养自己权威意识的管理者最终也会建立起自己坚强的性格。如同学习技巧一样,这更需要时间,最好的办法是从小事做起并体会效果。

让别人喜欢你的七个简单技巧

一个优秀的管理者要打造良好的人际关系。人们通常认为一个管理者要想同员工搞好关系有很大的困难。事实上,你可以通过掌握一些简单、自然、平常和易学的技巧来提高自己的管理能力。只要你坚持不懈地去实践,你就可以成为一个受人喜爱的管理者。

(1)要做一个平易近人的人

也就是说,在别人和你打交道的时候,不要让人有一种紧张感。有的人很难同他打交道,很难接近他。这往往是一个在交往中难以克服的障碍。一个平易近人的人很好相处,而且言谈举止都很自然。他会营造一种舒适、愉快、友好的氛围,和他在一起,不会像戴着一顶破旧的毡帽、趿拉着一双破烂的鞋子、穿着一件宽大破旧的袍子一样,尴尬难堪。一个表情僵硬、冷漠、毫无反应的人,是难以融入一个集体之中的,而他往往是一个桀骜不驯的、不合群的怪物,你确实不知道该如何同他打交道,你也难以揣摩他的内心世界,不知道他会对你的言行作出怎样的反应。喜欢上一个这样怪僻的人,确实不是一件很容易的事情。

（2）善解人意，体贴别人

一个体贴别人的人，总是设身处地为别人着想，不让别人紧张、拘束，更不会让别人尴尬难堪。据说，莎士比亚就具有善解人意的神奇能力。在和人交往的过程中，他就像是一条变色龙，能根据交往对象的不同特点，随着时间、地点的变化进行应变。文学批评家威廉·哈兹里特指出："莎士比亚完全不具有自我，他除了不是莎士比亚之外，可以是其他任何人，或是任何别人希望他成为的人。他不仅具备每一种才能以及每一种感觉的幼芽，而且他能借着每一次的命运改换，或每一次的情感冲突，或每一次的思想转变，本能地预料到它们会向何方生长，而他就能随着这些幼芽延伸到所有可以想象得出的枝节。"

（3）待人接物落落大方、不卑不亢

一般来说，具备这种素质的人必须具备宽阔的胸襟。因为，那些特别注重别人对自己的态度的人，那些害怕别人嫉妒自己的地位和职务的人，那些在生活中处于优势地位的人，是很少对别人态度冷淡的，而且一般也不轻易对别人发脾气。

美国前邮政部长詹姆士·法利是谦虚谨慎、不狂妄自大的人之中的一个杰出代表。一个有趣的事例表明，法利先生是一个知道如何让人喜欢自己的专家。那是发生在费拉德菲尔城举办的一次"读书和读者会"上的事。当法利先生和其他演讲者到宾馆去吃午饭的时候，他们在走廊上遇到了一位推着餐车的女服务员，餐车上装载着桌布、毛巾和其他用具。他们绕过餐车走了进去，这位服务员丝毫没有注意到他们。这时，法利先生向她走了过去，并且伸出手说："嗨，你好，我是詹姆士·法利。能告诉我你的名字吗？很高兴认识你。"

当这群人走过大厅的时候，一些人回过头看了看那位女孩，她嘴巴张得大大的，显得十分惊讶，但是，她的脸上绽开了甜美的微笑。这种人怎能不让人喜欢呢？

（4）要忠诚、正直和具有爱心

某个大学的心理学系对那些受人喜爱的和不受人喜爱的人的性格作了分析。他们对 100 个个性特征作了科学分析后指出：一个人要想赢得别人的喜爱就必须具备 46 个引起人们好感的个性特征，也就是说，你要想为大众所接受就必须具备许多的优秀品格。意识到了这一点，或许会让你感到多少有些失望。

要想让别人喜欢你，你必须具备一种基本的品格，那就是要忠诚、正直和富有爱心。或许，只要你具备了这一基本品格，其他的各种品质也就自然而然地具备了。

（5）善于察言观色

社交中要善于察言观色，分辨别人的意图和动机，也就是说，一个社交能力强的人必定是会盘算的人，他们会考虑到自己行为的后果，会盘算别人的可能行为，会计算自己的利益和损失，而所有这些盘算都是在相关因素可能变动的情况下作出的。因此，只有认知能力较高、善于察言观色的人才能在复杂多变的情况下作出这些盘算来。这种人际交往智慧每个人都具有，关键是怎样使之不断增强，怎样把它们在生活中发挥出来。

（6）多寻找自身的原因

如果你不是同别人打交道很轻松自如的人，建议你对自己的性格作一些研究，考虑任何消除你在交往过程中可能存在的自觉的、不自觉的紧张情绪。一定要注意，不要把别人不喜欢你的原因归结到别人身上。相反的，你应该多在自己身上找原因，然后还要下决心找到解决问题的方法。要做到这一点，就必须非常诚实，敢于解剖自己，甚至还需要一些性格方面专家的帮助。那些在你的性格方面的所谓"不利因素"，或者说"弱点"，可能是你多年的生活习惯养成的，也可能是由你年轻时候的生活态度发展而来的。或许，你还一直把它们作为"自卫"的武器来使用，可殊不知，它们却在无意之中伤害了别人。不管这些性格的"弱点"是如何产生的，只要你对它们进行科学的分析，意识到了进行性格优化的重要性，通过一套对性格进行转变的训练是完全可以克服这些弱点的。

（7）尊重别人就是尊重自己

在人际交往中尊重别人的人格是赢得别人喜爱的一个重要因素。人格，对每个人来说都是最重要、最宝贵的。对于每一个人来说，他都有这样一个愿望，那就是使自己的自尊心得到满足，使自己被了解、被尊重、被赏识。

如果我不尊重你的人格，使你的自尊心受到了伤害，当时你或许会一笑了之，但是我却严重地伤害了你。事实上，如果我表示出了对你的不尊重，即使你当时对我还是很友善，但如果你不是一个精神境界极高的人，你以后是不会很喜欢我的。这样，我就"赢得了战场，而输掉了战争"。相反，如果我满足了你的自尊心，使你有一种自身价值得到实现的感觉，那么，这表明我很尊重你的人格。我帮助你获得了自我实现，你也会为我所做的一切表示感激。你对我有一种感激之情，你会因此而喜欢我。

一些高明的管理者是精于此道的。为了笼络人心，赢得别人的拥护和支持，他们决不轻易伤害别人的自尊和感情。一位评论华盛顿政治舞台的专家指出："许多政客都能做到面带微笑和尊重别人，有位总统则不止如此。无论别人的想法如何，他都会表示同意。他会盘算别人的心思，并且能够掌握这些心思的动向。"

不要降低别人的人格，不要伤害别人的自尊心，因为，只有尊重别人，别人才会喜欢你。只有你满足了别人的精神需求，别人才会满足你的精神需求。

用优秀的个人品质树立威信

英国军事史学家约翰·基甘认为像亚历山大大帝和尤利西斯·格兰特这样的大指挥官，都具备了一个管理者所应该具备的5种基本品质：他们向军队显示出他们关心军队；他们明确告诉军队他们希望得到什么；他们使军队相信，如果他们进行战斗，他们就可以受到奖励，如果他们违反命令，他们将会受到惩罚；他们知道什么时候应该向敌人发起攻击；他们和军队一起分担风险。

这是值得每一个管理者学习和借鉴的，其基本的观点对于每一个管理者来说都是简单而有用的。

（1）真正关心你的下属

你应该使你的下属都相信你是关心他们的。这就要求你必须采取具体行动，而不能仅凭几句空话了事。你应该以个人的方式对待你的公司员工，应该把他们作为平等的人来对待，而不应该只是把他们当作创造利润的机器。

关心下属从另一种角度来看，也意味着毫不动摇的忠诚，即使这样做不符合一般的经济常识。几年前，一个公司的总经理正面临一场小规模的危机。那些雄心勃勃的年轻经理坚决要求他解雇几个已跟随他20多年的老下属。这些年轻而又蛮横的经理们争辩说，那些老家伙的大好时光已经过去了，如果把他们解雇了，给他们开薪水的那些钱就可以转而投入到更赚钱的领域。

那位总经理知道这些年轻人的话可能是正确的。但是，他下了一个简单而又坚定的决心：绝不解雇老下属。于是，他一直坚持留用他们，并且带领大家一起走出了公司的低谷。

通过这件事，他在那些年轻人心目中的领导威信进一步提高了，而不是萎缩了，因为他在面临压力的情况下并没有抛弃老下属。每个人都会老的，这些年轻人不可能不想到他们的将来，所以，跟着这样一位老板，并为他献出忠诚是值得的。

（2）准确地为雇员们描绘宏伟蓝图

你必须能够准确地向下属传达你的意思。作为一个领头人，他应该给其的下属们描绘出一个十分广阔的蓝图:"5年后,我们公司将会是这样的……"一个更有效率的老板,在为雇员们描绘宏伟蓝图的同时也会向他们提到那些比较具体的细节问题。这些细节问题不是"想象",它将成为雇员们今后日复一日所必须记着去做的工作。

(3)你要给部属公平感

你必须使下属确信,如果他们努力工作,他们将会受到表彰;如果他们不努力工作,他们将会受到处罚。如果是在军营中,这就意味着荣誉和为表彰特别勇敢的行为所颁发的奖章;而在公司里,这就意味着各种头衔和酬劳。当然,这也意味着要给雇员一种始终被公平对待的感觉。

最有能力的老板很少会出人意料地对他们的雇员进行提拔或贬职。他们会不断地提醒自己:什么是他们所期望得到的,他们应该怎样做才能够得到这些东西。如果你认为你的雇员做错了,但是你却并不向他们指出来,并且让他们感觉是在从事着一项十分重要的工作,那么你的这种做法无疑是十分错误的,其反作用无疑也是十分巨大的。

(4)你必须懂得何时发动进攻

在商场里,这就意味着要掌握时机。比如说在什么时候,你应该采取温和一点的路线,而在什么时候,你应该采取强硬一点的路线;在什么时候,你应该表现得积极进取、勇敢自信一些,而在什么时候你又应该表现得消极被动一些,不过分地参与某项活动;在什么时候,你应该绝对地做到全神贯注和全力以赴,而在什么时候你又应该主动放松自己,因为这样可能会更好一些。

知道什么时候发动进攻,你就拥有了一种可以用来考察雇员素质的最简单方便的方法,这也是一种领导素质。如果一个上尉在他提交的建议书中坚决主张我们应该向敌人的侧翼发动进攻,那么我们就会立即对此作出反应。如果我们同意了他的意见,而且我们赢得了这场战役,那么这个上尉不久就会被提升为上校,因为他已经具备了一个上校所应该具备的素质。同样，如果一个雇员向你提出了一个方案，而这个方案又确实是可行的，并且为你带来了很大效益，那么这就说明那个雇员是很有能力的。一旦情况适合，你就可以起用他，而不必担心手底下没有人才。

（5）和部属一起分担风险

必须能够使你的下属知道，你是在同他们一起承担风险。如果是在战场上，这就意味着，你应该亲临战场，而不是躲在大后方。而在商场上，这就意味着，你应该在雇员面前起到模范带头作用。

不知道你是否注意过那些最受人尊敬的老板是怎样赢得雇员的尊敬的。他们可以在公司做任何工作，从仓库管理员到一般管理人员的随从或助手他们都做得来，从来不怕做这些事。他们这种不怕把手弄脏的行为赢得了大家的尊敬，因为他们不仅是在把风险分给大家，而是在同大家共同分担风险。

以你希望别人对待你的方式来对待别人

有关经营管理的原则有很多，但是，从本质上来讲，最根本的原则极其简单，并且只有一句话：要以你希望别人对待你的方式来对待别人。

这是一条简单的众人皆知的道理。当我们还是孩子的时候，这个原则就已经被深深地注入了我们的脑海。但是，不幸的是，我们当中很少有人能够像该原则所说的那样去实践。这其中的主要原因是，我们很少有人能够采取退一步的做法去认真考虑一个问题，即我们自己究竟希望别人怎样来管理我们。而且，即使我们确实能够把理想的管理行为表列出来，在我们希望老板对待我们的方式和我们自己作老板去管理别人的方式之间是存在很大差别的。如果你想知道如何成为一名永不失败的管理者，你最好仔细想一想你希望被别人怎样管理以及你将如何去管理别人。如果你想成为一名成功的管理者，那么，在你管理别人之前一定要弄明白希望别人怎样管理你。

下面是国际管理集团总裁麦考梅克总结的把简单管理运用得极合格的老板的特征。

（1）务必做到言行一致

老板们都希望他们的下属能够言行一致并且值得信赖。当老板们作出决策时，他们必然希望有关决定将会得到执行，而不是被下属忘掉或者被拖延。即使他们不明确表示出这种期望，但是这种期望也会以其他的方式表现出来。这种期望是一个老板向下属作出指示的基础。与此同时，下属们也希望他们的老板能够言行一致、值得信赖。也就是说，只有在老板和公司员工之间形成一种互相信赖的关系时，一个公司才有可能搞好。

比如，高效率的管理者最害怕浪费时间。有些人是以天或者小时来安排日程的，他们可能会对管理者说："我会周四给你打电话。"而繁忙的管理者则是以分或者秒来安排日程的，如果你想与这样的管理者约会，他会告诉你："请于 11：20 来见我。"那么你就千万不要提前赴约或迟到。

养成节约时间的习惯是有很多好处的。年初的一个星期天，按计划麦考梅克应该早上 7：30 在家里给公司的一名行政人员打电话，而他却晚了 10 分钟。他知道在类似情况下，绝大多数人可能会在他们方便的时候简单地打一个电话，因为拖延 10 分钟是完全可以迁就的。但是，麦考梅克立即打电话向这个年轻人道了歉。他说他感到有点不安，这个小伙子在电话中说，他对麦考梅克的道歉表示感谢。

麦考梅克指出："从某种意义上讲，为我这样的人工作，要比为另外一种人工作好得多。因为后者往往会笼统地告诉你，要在几点钟与你谈话，而后，你就可能整天都听不到他的声音。也许，他可能会在两天以后打电话过来，傲慢地道歉说：'啊，对不起，我忘了给你打那个电话。其实也没有什么重要的事。'但是，这个电话又有什么用呢？不愉快和不信任的种子已经由此播下了，而要想消除这种影响就得付出更大的努力。与其如此，还不如一开始就恪守诺言的好。"

（2）员工更喜欢简单的短期目标

一个长达 10 年的目标和一个 1 年的目标，你说哪一个更容易被人接受并被付诸实施呢？当然是 1 年的目标了，因为短期目标更易让人找到成就感和做事的动力。

许多管理者都试图养成一种明确果断的工作作风，力求避免说话含含糊糊、模棱两可。他们通常只圈定题目，然后让下属们从自己的立场出发去思考如何做好文章。这比较有利于有关问题的解决，而且可以培养员工独立思考的能力。但是，如果你只为你的下属订立一个远期目标，并希望通过他们发挥主观能动性去实现这些目标，那么结果可能是一团糟。下属们对那些不够明确的遥远计划是不会感兴趣的，你必须把这些远期目标具体化，把它们制定成为比较具体的中期目标和短期目标。较长期目标而言，员工更喜欢简单明了的短期目标。

（3）告诉员工一定时期内的工作前景

如果老板告诉员工说，只要按他要求的去做，10 年后就可以得到很高的职位，员工会感到鼓舞吗？很难说！因为 10 年太漫长了。在这 10 年里，什么事情都可能发生。但是，员工会很乐意地希望老板能够告诉他一两年内他会得到什么样的回报，当然，前提是他必须做得不错。如果老板不能告诉员工一两年内的工作前景，就等于是在告诉他，他必须靠自己去创造美好前程。这种人是不适合做老板的。

（4）能够尽可能多地给员工一些帮助

作为管理者，许多人往往走向了两个极端：一种是控制狂，这种人希望支配员工的一切行为；另一种是自由放任型的老板，他们重视的是结果，只要达到了预期目的，他们是不会过问其他任何事情的。

多数下属比较喜欢第二种老板，但是，这样做往往会由于员工缺少兴趣而产生始料不及的后果。如果老板对员工说："我并不打算过问你每天早上几点上班，只要你是在工作，晚点来也是可以的。但是，我希望你能够告诉我你准备跟哪些人取得联系，当然要在事前告诉我，而不是事后。我或许能够给你提供一些帮助。"对此，员工一定会十分感激的。

（5）说出你不高兴的原因

如果老板不高兴，员工往往希望立刻知道这种情况及其原因。而如果老板能够直截了当地说出来，员工就不必费尽心思去猜测了。

不幸的是，有些老板不愿意表露他们的不愉快。他们把不愉快压抑在心里，希望它们过一会儿能够自动烟消云散。或者，他们只对下属们作一些轻微的暗示，并想当然地认为他的下属们已经知道了他的心情。其实不然，在绝大多数情况下，这些暗示是没有效果的。与其这样费尽心机去暗示，远不如用简单的语言表达出来效果更好。

麦考梅克说："如果我做错了什么事情，我希望我的老板能够尽快告诉我。如果老板不对我指出我的失误，而让我继续错下去，直到多次重复之后，我自己都意识到我的错误是多么地愚蠢，那么我会极其愤怒的。如果我在别人面前出丑的话，那么实际上出丑的人将不仅仅是我自己，我的老板也将跟着出丑。这种人是不适合做我的老板的。"

（6）给下属一种主人翁的感觉

并不是每个人都能成为企业的股东。但是，即使成不了企业的主人，员工还是一直希望能够体会到那种做主人翁的感觉。

对于许多管理者来说，这个问题是非常简单就可以解决的。比如，当公司的一切业务发展顺利并有盈利时，付给员工的报酬就可以高一些，福利也可以好一些。只要公司承担得起，就应尽可能也让员工共同分享一下成功的喜悦。

有福同享是不难做到的。对一个管理者来说，真正难做的是，当公司的效益不太好时，作为公司的管理者，该怎样对待他的下属和他自己。比如，由于效益问题，公司不得不作出降低职工工资待遇和福利水平、削减公司预算以及延长工作时间的决定时,管理者(包括老板本人)是否也同样如此呢?如果老板宣布说要削减10%的外部费用和内部管理费用,这个规定是不是只对下属有效,而老板本人仍然可以我行我素呢?也许,这个老板会坚持与员工同进同退、不搞特殊化,尽管他有权力和正当的理由不这样做。

如果一个人能够和员工同甘共苦,那么这样的老板是会非常受下属尊敬的。

精明的管理者要有精明的头脑和敏锐的感觉

一个管理者如果想让自己获取更大的成功,使自己的事业获得更为充分的发展,就应当意识到,在日益激烈的竞争中,单纯依靠过去的所谓意志、体力去拼搏是难以获得成功且成为胜者的。一个成功的管理者还需依靠灵活、敏锐的头脑和科学、丰富的经营感觉去决定胜负。不过要立志做一个成功的管理者也并不难,只需不断地掌握知识、磨炼经营感,培养、掌握许多与经营感觉相关联的东西就够了。

(1)集中精力磨炼头脑和感觉

在现代经济社会中,光靠埋头苦干的时代已经过去了,现代社会更需要的是头脑和感觉。丰富的知识,灵活的思考,速变的大脑,敏锐的直觉,丰富的感性——这些都是通向胜利的法宝,所以想要成功的每一个管理者都应当集中精力寻找一种简单有效的方法磨炼头脑和感觉。

首先,对于管理者来说,进行训练和学习的自觉性很重要。管理者是以自己的意志为基础的人,因此,从学习阶段开始,如果不是以自己的意志为基础,那么就不能培养出最为重要的作为管理者的感觉来。所以,管理者应当主动地学习,自费向自己投资。

其次,对于管理者来说,所谓的头脑、感觉并非一朝一夕就能够掌握的，需要日积月累的努力。例如，磨炼头脑需要学习知识。吸收知识可以短期集中进行，但知识要变成自己的血肉、成为自己头脑中的一部分则只有靠每天的积累。比起一个星期的集中学习，一天抽出十分钟、二十分钟是最简单有效的方法。总之，每天不间断地坚持下去，掌握的内容会更多，即坚持就是力量。正因为坚持，知识才会变成智慧，头脑才能变得聪明起来。另一方面，一点点的积累和培养更为重要。管理者应学会从日常的生活方式、生活态度、意识等方面去培养。对于每天所遇到的事物怎么看待、怎么处理，对眼前的事物怎么感受、怎么思考，要从这当中一点一点地磨炼下去。

（2）多想想"为什么"

能否成为成功管理者的关键，还在于其对事物的感受能力。若无其事地在街上漫步，无心人往往什么也感受不到，而有心人，如经常寻找新事业发展契机的管理者，对一些有用的事物和现象就会有所印象，而且牢牢地刻在大脑里。

对于怎样看待事物、怎样去感受，作为一个管理者应多想想。"为什么呢？"要时刻带着这样的疑问。这正是一个管理者最必要的感受方法。关于"为什么"的思考是探究、摸清事物本质的出发点。而只对眼前的事物照原样接受，是不能看穿其本质的。

比如，在咖啡店喝咖啡，觉得很好喝，不思考"为什么"的人仅此而已。即使稍好一点的人，也至多是对朋友亲人说上一句"那儿的咖啡味道不错"，仅达到这样传播情报的程度。而有着"为什么"的思考的人则会去探究那种咖啡为什么好喝，确认其是用什么煮的，探究咖啡豆的种类和搅拌方法，有机会时直接询问其秘诀。而进一步探究的话，会明白咖啡本身的味道尽管如此，其实店内的气氛也有相当大的影响。就这样，顺着"为什么"思考和挖掘下去，从感到咖啡好喝入手，自己会得到各种各样的情报。在生意的舞台上，其差异会如实地显现出来。有"为什么"的思考的人在发现异样的现象时，会力图去抓住其原因。

多想想为什么是培养人的问题，一个管理者可以在日常生活的细节中注意培养自己多问为什么的意识。

（3）磨炼数字感觉

并不是每一个对数字敏感的人都会成为优秀的管理者，但是优秀的管理者会牢牢地把握企业的数字。如果一个管理者对数字毫无感觉，那他一定不能成为成功的管理者。

有些管理者一说到"数字"两个字就感到头疼，他们对预算表几乎毫不过目，全部都托付给财务负责人，只过问"总的说本季度或本年度赚了多少钱"就完事了。就算他们知道企业的金库和银行存款上还有多少现金，但对有多少借款和欠款、有多少赊账和收受票据等全然没有任何把握，当然，对目前企业有多少固定资本、负债多少等等更是一概不知。即使他们了解月度、年度的大概销售额，但大脑中却全然没有成本等费用的数字。这样的管理者显然令人对其企业的去向不得不抱着极大的不安。

（4）掌握敏锐的金钱感觉

金钱感觉是管理者必须要掌握的一个部分，是非常重要的环节。公司的金钱不仅限于现金，还包括原材料、商品、设备，必须要把这所有的一切都反映为金钱。

放下架子有利于工作的开展

一个管理者即使能力很强，但如果架子很大，那也只能惹人讨厌，以致影响到工作的开展。要想实现成功管理，最简单也是最首要的是放下架子。

日本某矿业公司的一位董事长在年轻时，因为自己在工作上急于求成，遇事常急躁冲动，把事情办得很糟，结果被贬到基层矿山去担任一个矿的矿长。到职时，在欢迎酒会上，由于他一不善喝酒、二不善辞令，以致被老职员们认为是一个不讲人情的上司，年轻的职员和矿工们对他更是敬而远之。他在矿里一度很被动，工作开展不起来。

这样闷闷过了大半年后，在过年前夕举办同乐会，大家要即兴表演节目。他这时在同乐会上唱了几句家乡戏，赢得了热烈的掌声。连他自己也没想到，那些一向对他敬而远之的部下们会因此而对他表示如此亲近和友好。此后他还在矿上成立了一个业余家乡戏团。从此，他的部下非常愿意和他接近，有事都喜欢跟他谈。他也更加与部下贴心了，由过去令人望而生畏的人变成了可亲可敬的人。在矿上无论一件多难办的事，只要经他出面，困难就会迎刃而解，事情定能办成。由此，这个矿的生产突飞猛进。因为他工作有能力，而且如此得人心，后来他荣升为这个公司的董事长。

他升为董事长后，有一次在工厂开现场会，全公司的头面人物都出席了。会上大家都为本年度的好成绩而高兴，于是公司总裁的秘书小姐提议使大家在高度欢乐中散会。她想出一个办法，就是把一个分公司的副经理抛到喷泉的池子中去，以此使大家的欢乐达到高潮。总裁同意秘书小姐的提议，就和这位董事长打招呼。董事长表示这样做不妥，决定由他自己——公司最高领导者，在水池中来一个旱鸭子游水。

董事长转向大家说："我宣布大会最后一个项目就是秘书小姐的建议：她叫我在泉水池中来一个旱鸭子戏水，我同意了。请各位先生注意了，我就此作表演。"于是他跳入池中，游起泳来，引得参加会议的几百人哄堂大笑……

事后总裁问他："那天你为什么亲自跳下水池，而不叫副经理下去呢？"

董事长回答说："一般说来，让那些职位低的人出洋相，以博得众人的取笑，而职位高的人却高高在上，端着一副架子，使人敬畏，那是最不得人心的了。"董事长这些话唤醒了总裁，使他和董事长一样平时注意与

第05章
提高管理效能：领导者的自我修炼

部下打成一片，学到了办好企业的招数。

作为管理者，在下属面前，如果你认定了"我"是经理、"你"是工人，应当各尽其职，这样，下级就不可避免地要对这样的上司采取疏远的态度，也要和他所代表的公司疏远。这样你与员工的距离就成了无法逾越的鸿沟，工作就愈加难以开展。

东芝公司是世界上有名的大企业，它除了产品具有较强的竞争力外，在营销工作中也是高招迭出，所以，其业务发展得极为迅速。

有一次，该公司的董事长土光敏夫听业务员反映，公司有一笔生意怎么也做不成，主要是因为买方的课长经常外出，多次登门拜访他都扑了空。土光敏夫听了情况后，沉思了一会儿，然后说："啊！请不要泄气，待我上门去试试。"

业务员听到董事长要"御驾亲征"，不觉吃了一惊。一是担心董事长不相信自己的真实反映；二是担心董事长亲自上门推销，万一又碰不上那个企业的课长，岂不是太丢一家大企业董事长的脸了！那个业务员越想越怕，急忙劝说："董事长，不必您亲自为这些具体小事操心，我多跑几趟总会碰上那位课长的。"

业务员没有理解董事长的想法。土光敏夫第二天真的亲自来到那位课长的办公室，但仍没有见到课长。事实上，这是土光敏夫预料之中的事。他没有因此而告辞，而是坐在那里等候。等了老半天，那位课长回来了。当他看了土光敏夫的名片后，慌忙说："对不起，对不起，让您久候了。"土光敏夫毫无不悦之色，相反微笑着说："贵公司生意兴隆，我应该等候。"

那位课长明知自己企业的交易额不算多，只不过几十万日元，而堂堂的东芝公司董事长亲自上门进行洽谈，觉得赏光不少，故很快就谈成了这笔交易。最后，这位课长热切地握着土光敏夫的手说："下次，本公司无论如何一定都会买东芝的产品，但惟一的条件是董事长不必亲自来。"随同土光敏夫前往洽谈的业务员目睹此情此景，深受教育。

土光敏夫此举不仅做成了生意，而且也以他坦诚的态度赢得了顾客。此外，他这种耐心而巧妙的营销技术对本企业的广大员工也是最好的教育和启迪。由此我们可知，管理并不是多么高深莫测的学问，有时它简单到只需你放下架子，工作便能进行得相当顺利。

用言行提升你的魅力

魅力是管理者们一直都在追求的个人气质，而大多数管理者以为魅力是很难提升的。事实并非如此，只要你在日常生活中注意自己的言行，很轻松就能提升你的魅力。

（1）善于运用身体语言

在与人交往中，你必须将自己的整个身体都看作是一个信息的载体。你必须意识到，你的一举一动都在说话。假如你善于运用你的身体语言，他人将乐于接纳你，并与你合作。外表、情绪、言辞、语调、眼神、姿态，抓住他人兴趣的能力，这些都是在与人交往时你能运用的东西，其他人正由此形成对你的印象。

（2）以真实的面目面对众人

不少指导社交的实用小册子总是这样规劝你：你应该昂首阔步走进去，先声夺人地向周围的人展示你的风采。他们教导你要用"虎钳般有力的握手"来给人一个下马威，还暗授机密似的说你必须用催眠术一般咄咄逼人的目光紧紧盯住他人。而假如你真的照此行事，你会让每个人都发疯的，你也会被人当作疯子看待。

真正的社交秘诀应该是：你应该始终如一地显示你最好的一面，最有影响力的人不因场合变化而改变他们的个性，不论是亲切的私人交谈，还是向公众发表演说，抑或是参加求职面试，他们都是一以贯之，毫无矫揉造作之态，处处以真实的面目面对众人，他们用自己的全部身心与人交流,他们的音调与姿态也总能与口中的表白和谐一致,一切都显得那么亲切自然。

然而,某些面向公众演说的人却向听众发出了令人迷惑的信息。比如,当一个人说"女士们、先生们,我很高兴有机会……"时,眼睛却总盯着听众的鞋子,其实这表明他一点都不高兴,这样的演讲怎么会有感染力和鼓动力?

(3)发挥眼神的奇妙作用

无论对象是一个人还是一百人,你都必须记住,和他们说话时一定要看着他们。有些人起初说话还看着听众,可没说三句就转移视线,眼瞧窗外了,令人觉得别扭。

当你迈进一个有人的房间时,你的目光应该随意自在,直接瞧着房子里的人,并向所有的人示以微笑,这表示你轻松自若,易于接近、交往。

微笑是重要的,但那种假笑却如不看着人说话一样令人不快。最佳的笑应该是自然的、轻松的,使人有如沐春风之感。

(4)先听后说

当你出席一次会议、一场晚会或与人谈话时,你不要迫不及待地亮出自己的观点,应等一分钟。感受一下现场的氛围,了解人们当时的情绪,是激昂、愉快、观望,还是消沉?他们渴望了解你吗?对你的到来是否不悦?倘若你能感受到这一切,你便能更好地去接近他们,不会作出不合时宜的举动来。

(5)集中精力与人交往

集中精力和充满热情会给人留下深刻的印象。集中精力与人交往能够表明你的真诚,当你全神贯注地对人们讲话时,表明你相信自己所说的话,一个运用自己全部的力量来与人交往的人宛如一个巨大的磁场,会将他人牢牢吸引住。人们可以不同意你的观点,但却无法怀疑你的信念和真诚。

另一个重要原则是言辞必须确定,我们常常看到一些人开始时慷慨激昂，随后就音调渐低、含糊其辞。要知道，没有人愿意相信一个飘忽不定的人。你的声音可以是柔和的、谨慎的，但不能模棱两可。

（6）适时放松自己

你一定见过不少人在与人交往时过于看重自己，他们要么闷闷不乐，要么滔滔不绝地显露自我。要知道，总是以自我为中心的人是放松不起来的。仔细检点一下你的表现：你是否经常说"我"，你是否一直在喋喋不休地抱怨？当他人正在阐述一个新想法时，你是否试图打断并插话？假如你对这些问题中的哪怕一个说"是"，那你就必须放松下来。否则，在你的家人、朋友和同事面前，你可能就是一个令人讨厌的人了。

拒绝超出能力的成长

早在20世纪70年代，彼得·杜拉克就已经注意到了企业成长的危机。当时他就说过："企业的成长是如此地脆弱。"他指出，如果每年企业都以10%的速度增长，世界的资源很快就会被消耗殆尽，而且企业长时期保持高速增长也绝不是一种健康现象，它所造成的紧张、弱点以及许多隐藏的问题使得企业极为脆弱，稍经风吹草动就会酿成重大危机，甚至会导致企业的败亡。

合理的成长目标应该不是一个表象目标，而应是一个经济成就目标。有时候，企业不得不在"健康的成长"与"快速的成长"之中作出抉择。还有的时候，企业家不得不扪心自问：此时此刻，自己是否必须拒绝成长？这实在是一件很痛苦的事，因为拒绝成长往往更需要勇气。

在竞争激烈的今天，如果企业想成功，就必须学会拒绝成长的能力，也就是说必须要先懂得取舍。取舍意味着放弃和牺牲某些东西。专注于所取得的成功也是惊人的，因此，好多时候最大的牺牲便是最大的获得。一般来说，企业经常要决定取舍的东西有三样：产品、市场和机遇。

第 05 章
提高管理效能：领导者的自我修炼

首先，要拒绝系列产品。对不具备足够能力的企业来说，完整的系列产品就是一种奢侈品，往往是导致失败的根源。企业可以被简单地分为两类，一类是大型的、经营多样化的企业，另一类是小型的、专门经营某方面的专才。但人们往往看到的是：大多数大企业都遇到了麻烦。

当年，美国人需要货物在次日必须送达时一定会去找联邦快运，因为那时的美国联邦快运公司只集中进行小件货物的运送业务，而且通过牺牲其他服务项目而使其"次日送达"的概念深入人心，这就是它的优势。但是后来联邦快运开展国际业务，拓宽了货运范围，也因此而失去了"次日送达"的特色。联邦快运不具有全球公司的地位却要提供全球空运服务，在短短 21 个月中，在国际业务方面亏损了 11 亿美元。

永备电池曾经是电池的第一品牌，它就失败在将产品做成了系列。它把后来生产的高能电池和碱性电池分别命名为"永备高能电池"和"永备碱性电池"，结果它在碱性电池上被专门生产碱性电池的金霸王超越了，金霸王因此而成为电池市场中的领先者。做系列是好多企业的习惯做法，它们以为更大的网可以捕捉更多的消费者，然而这正是最大的错误。如果永备不把碱性电池加入到它的产品系列之中，就算碱性电池方面被金霸王超越也不可能影响到它的第一品牌地位。企业若想成功，不是要做得博而广，而是要做得细而精，就必须缩短自己的产品系列，而不是扩展它。

其次，要拒绝过大的市场。面对可口可乐这一领先品牌，百事可乐用明星做代言人，专攻青少年市场。百事可乐牺牲了除青少年之外的所有市场，但现在百事可乐与可口可乐几乎是平分秋色了。当大多数生产香烟的企业努力将市场目标扩大到女人身上时，万宝路不但不进行市场扩张，还反其道而行之，集中面向男性消费市场。结果，万宝路在美国的男性消费市场和女性消费市场中都是销量最大的。在一方面做好了，效果会自行地扩大。

尽管百事可乐的营销目标是青少年，但谁阻止过 50 岁的人饮用百事可乐？万宝路的营销目标似乎是牛仔，但美国还能有多少牛仔呢？市场过大会顾此失彼、力不从心，集中力量占领部分市场，然后让这一部分人去引领潮流，这就是拒绝市场过大的技巧。

最后，要拒绝大众化的机遇。如果企业试图追随市场的每一个潮流，则将注定要被淘汰出局。个别的潜在的机遇才是真的机遇。保持永久地位的最好方法是，一开始就不要刻意地去追逐潮流，以不变应万变。有人说，"中国的企业像螃蟹，一红就死。"其实这种说法揭示了好多企业发展到"红"的阶段就带有一种盲目的扩张冲动，管理者不能保持创业时的清醒和冷静，不能拒绝超越自己能力的成长，最终导致企业的"死"。

杜拉克说："人和企业的成长过程，实质上就是与诱惑抗衡、化解诱惑、战胜诱惑的过程。"诱惑无处不在、无时不有。诱惑就像攀附树干的藤蔓一样，纠缠于企业的成长全过程，永远无法摆脱。面对纷繁复杂的诱惑，每天都需要作出选择，而每一次选择都生死攸关，决定不做什么比决定做什么更重要。有所失才有所得，有所不为才有所为，管理者必须要保持足够的定力，坚持走自己的路，企业才会成功。

在企业管理中，经常会遇到一些超出能力的成长，这时就需要作出正确的取舍，无论是进入还是退出都需要取舍。实际上，企业的战略变革过程就是取舍的过程，取舍是推动公司变革的艺术。"大胆取舍，做最擅长的事。"这句话正是企业作出选择的依据和原则。

一般来说，企业的取舍有三个重要阶段：第一阶段是刚刚开始创业的时候，企业需要选择所要进入的行业领域。这时企业可以支配的资源极其有限，企业管理者的风险警觉性还非常高，关键是找准切入点，因此这一时期的取舍要容易一些。第二阶段是遇到可投资项目或市场利益机会时，这时需要利用现有资源进入新的行业领域，这正是企业成长的时期。在这一时期，管理者不能被已有的胜利冲昏头脑，一定要有勇气拒绝不健康的成长，切不可盲目追求更大的发展。第三阶段是企业经营经历了多元化时期之后,需要选择退出某些领域。这一时期也相对难以取舍,改变自己轻车熟路的方向、放弃自己多年的经营,尤其是在这些行业领域还不至于赔钱或还能赚钱的情况下。

事实上,每个企业都必须经历这三个时期,每个企业也必须作出必要的取舍。有人说,杰克·韦尔奇在通用电气任总裁时最大的成就是收购了上百家有价值的企业。可是,杰克·韦尔奇自己却说:"不,我对公司最大的贡献是拒绝了至少1000个看上去很值得投资的机会。"

每一个企业家都把成长作为企业存在的终极价值。每年增长的利润率是多少,市场占有率是多少,什么时候能够发展成大型企业,什么时候进入世界500强……这是每位管理者所憧憬的,也是每位投资者所渴望的。然而,在实现这一个接一个的美好愿望的过程中,将会面临一次接一次的艰难选择,这时候一定要勇敢地放弃。如果说成长需要梦想和勇气,那么,拒绝超出能力的成长似乎需要更大的理智和决断。

用倾听架起沟通的桥梁

倾听原不是复杂的事情,但很少有管理者愿意倾听,特别是不愿倾听下属的意见。实际上,管理问题在很大程度上就是沟通问题,80%的管理问题实际上就是由于沟通不畅所致。而我们又不得不承认倾听是解决这一问题的最简单、最有效的方法。

倾听,并不一定代表你对对方谈话的认同,它仅表示对对方的尊重。每个人都有表达自己想法的权利,每个管理者都希望自己的讲话能够被下属认真地倾听。同样,每位下属也希望自己的声音能够被自己的上级倾听。

倾听与"听见"不同,它反映了管理者对下属的态度。如果某个管理者认为自己听见了就是在倾听,这是错误的,因为倾听不仅仅用的是耳朵,更要去用心。

（1）弄明白下属的真正意图

管理者在倾听时首先要弄明白的是下属的真正意图，他到底想说些什么，是对公司的建议、对某人的意见，还是对待遇的不满。

由于每个人的性格不同，不同的员工在表达自己的观点时采取的方式也不尽相同。比如，性格较内向的下属在表述一些敏感的问题时可能会更加隐晦。这需要管理者在平时多与下属接触，多了解下属的动态，这些对正确理解下属的意图很有帮助。

（2）站在对方的立场去倾听

下属在论述自己的想法时，可能会有一些看法与公司的利益或管理者的观点相违背。这时不要急于与下属争论，而应该认真地分析他的这些看法是如何得来的，是不是其他下属也有类似的看法。为了更好地了解这些情况，管理者不妨设身处地地站在下属的角度，为下属着想，这样做可能会发现一些自己以前没有注意到的问题。

（3）发表意见要谨慎

在倾听结束之前不要轻易发表自己的意见。由于你可能还没有完全理解下属的谈话，在这种情况下妄下结论势必会影响下属的情绪，甚至会对你产生抱怨。管理者在发表自己的意见时应非常谨慎。特别是在涉及到一些敏感的事件时尤其要保持冷静，埋怨和牢骚决不能出自管理者之口。对员工而言，你的言论代表着公司的观点，所以你必须对自己说出的每一句话负责。

（4）做记录以示重视

在倾听员工的论述时最好做一些记录，一方面表明你对他谈话的重视，另一方面也可以记录一些重要的问题，以备遗忘。管理者对自己作出的承诺也应加以记录。作出的承诺要及时兑现，如果暂时无法兑现也要向员工讲明无法兑现的原因以及替代的措施。

倾听只需要你给员工也给自己一点时间，让他们尽情地去说，你认真地听，然后诸多管理的问题便不再成为问题了。优秀的管理者会用倾听架起与员工沟通的桥梁，让管理走向简单化。

管理者应具备教练的素质和能力

管理者要想有效地指挥下属，应当注意培养与提高自身的综合素质。美国著名公司管理大师麦克白曾说过一句很简单但意义却很深的话："管理者的能力首先不在于如何指挥别人，而在于如何指挥自己跳出最美的舞蹈。""舞蹈"即是指管理者应当具备教练的素质和能力。

以下是麦克白先生推荐并让很多管理者更容易接受的11种必备的指挥素质：

（1）正确运筹

要想成为有效的管理者，最重要的是要有运筹的能力。虽然有些事情适合于团体决定，但是管理者往往必须单独作许多决定，包括分派工作、人力、协调员工纷争等。管理者最重要的责任有二：一是出正确的运筹；二是能鼓励部属参与。

（2）有效沟通

管理者只有张开耳朵和眼睛，努力去听、去看，才能了解组织内部员工的互动，敏锐地了解部属的心情与态度，以便满足员工最基本的需求。

（3）学会训练

管理者的另一项责任是，训练有潜力的部属成为新管理者。尽量往下授权，让员工参与可行的计划，定期召开研讨会，让员工代表公司对外接触等等，都是培养员工决策能力与自信心的好方法。

（4）懂得协调

高明的管理者知道如何降低部属冲突事件的不利影响，既不会视而不见，更不会反应过度，对不相干的部属发脾气。他会直接将部属找来，找出冲突的原因,或者轮流做工作,以降低冲突的几率。

(5)要有远见

有效的管理者能够为组织、员工定出有意义、清楚的目标来,也能带领部属达到这些目标,不会让部属迷失方向。

(6)时常自省

许多人常说"管理者永远是对的",但是管理者也有犯错的时候。问题是,许多管理者欠缺自信,以至于犯错也不肯承认;有的则是明知自己错了,依然我行我素。最糟糕的是,有的部属因为害怕被处罚,不肯指正管理者的错误,同时又丧失了对管理者的敬意。有效的管理者能够迅速认错,并且从错误中学习,不会只看到别人的错误,他们知道反省错误发生的原因与效果,这比一味责怪他人重要多了。

(7)集思广益

妥善利用部属的智慧,集思广益达成决定,是管理者最简单有力的武器。尤其是影响整个公司的决定,常常需要顾及各部门的需求。有效的管理者会先征求相关部门的意见再作出决定,以免独断独行地决策,让员工产生抗拒心理,阳奉阴违。

(8)人性化管理

管理者如何看待部属,是管理工作成效的重要关键。优秀的管理者信任部属、虚心学习、有耐心,同时又有敏锐的观察力。他真正关心部属,知道感恩;他不会一心只想控制、支配员工,而是让员工工作情绪高昂,顺利完成工作目标。

如果实行以上的人性化管理,那么你绝对是个非常非常棒的管理者,并且一定能率领你的团队在市场竞争中克服各种各样的艰难险阻,为公司创造效益。

(9)欣赏别人

常听人说:"只要看到那副嘴脸,就讨厌!""看到他,就令我恶心!"

说这些话的人常常是咬牙切齿的,但自己却已先丧失了外貌魅力!"看了不讨厌",这是人际吸引的基本原则。事实上,每一个人在外貌上都具有其特殊的魅力。作为一个管理者要学会去欣赏别人而不是挑剔别人。

欣赏别人是让你走出心理上"直觉式"的模式。这种夹杂个人的经验、感受、思考等复杂交织所衍生出的人际直觉,常缺乏客观性及接纳性。从外貌来评定与员工之间的关系、距离、好恶,甚至以此断定其能力之强弱,是人性化管理所应避免的"框架"。当你能"欣赏"每个员工时,无形中会使员工产生内在的自信,进而显出愉悦的脸孔,而你也可在洋溢着自然的气氛中同时展现出个人特殊的外貌魅力。

(10)激发员工的性格魅力

能包容并激发不同性格的人,就能散发出感人的内在能力——性格魅力!

许多管理者总是花费太多时间去处理员工的性格问题,而不是激发员工发挥其性格魅力,结果会不断有大小冲突。你必须明白,管理的目标是为了达到圆满、均衡、统一与和谐,而不是人格的冲突,其中的秘诀即在于包容与激发。

每一个员工在性格上都有其不同之处。所有的性格都有其优点,也有其缺点。但是,聪明的管理者通常都把焦点放在其优点上,而不是强调其性格上的缺点和特殊性。根据研究,人有以下8种性格类型:

①社交型:因善于表达而创造互助。

②直觉型:因感情丰富而带动气氛。

③控制型:因拼劲十足而能达成目标。

④理智型:因思考有条理而精于分析。

⑤关爱型:因充满慈爱而可靠体贴。

⑥实际型:因小心谨慎而做事稳重。

⑦舒适型:因轻松自在而处变不惊。

⑧含蓄型：因不善言辞而默默耕耘。

只要你不把目光聚集在员工的性格缺陷上，而是更多地注重其优点，那么你便能让不同性格的员工发挥其特长，同时充分展现出其性格魅力。当然，知道运用不同性格的员工来达到团队管理的目的，也不正显示出你特有的性格魅力吗？

（11）没有不好的员工

能让员工充分发挥能力，便是管理者个人能力激发的一种表现。

许多管理者常说："这些人真笨！真没有用！"但是，管理学更直接地指出："没有不好的员工，只有不好的管理者。"

身为管理者须注意到每个员工的个别差异，让员工的特殊能力得到充分发挥。发挥他们特长的简单方法是详加观察，了解一般人除了专业能力之外所具备的其他各种才艺、技能等。如此你才能激发他们发挥特长，确实让每个员工的各种特殊能力、才华都能展现在生产过程中，进而带动起整个团队的士气。

以"高人一等"的标准要求自己

管理者必须要完善自我素质，制定自己应当达到"高人一等"的标准，尽管可能达不到最好，但必须要有追求最好的心愿和行动。

下面是完善自我的几种简单方法。

（1）注意穿着和仪表

作为管理者，必须要注意衣着打扮。在西方国家的公司里，管理者大多穿着深灰色、深蓝色或黑色的西装。因为西装和这些颜色的特殊搭配，已经成为管理者的特殊标志与规定。

当然，管理者有其特殊性，也许并不一定要戴名牌手表、穿名牌皮鞋、提名牌皮包。但注重外表，特别是在代表公司从事高层次外交活动，尤其是和外商接触时，仪表是十分重要的。这时的仪表已不仅仅是个人的"装饰"问题，而是公司的"窗口"，体现了公司的形象和基本素养。在有些情况下，它可能决定了对方的判断，以至于影响到交易的成败。

（2）在语言上下功夫

言语、谈吐是反映管理者内涵的一个重要方面。字正腔圆，抑扬顿挫，铿锵婉转，起伏有致，反映了一个人的语言魅力；而措辞得当，应对机敏自如，既善于表达意愿，又善于诱导对方、劝服对方，则体现了高超的沟通技巧。

语言是极富感染力的。在语言技巧上下功夫，会给管理者赢得一种重要的经营武器。良好的语言功底，既能得到上级的欣赏，又能赢得属下的青睐，起到鼓动的作用，也能赢得对手，有助于推动交易的进程。

（3）提高自身修养

举止、修养是管理者自我塑造的必修课，但这一方面却为传统的管理者及有关培训课程所忽视。我们经常可以看到，一些人无论是接触上下级还是接触客户，无论是在谈判桌上还是在餐桌上，都缺乏得体的举止、缺乏基本修养。这和中国长期的经营环境有关。但在现代公司的管理中，特别是在激烈的市场竞争和国际化经营中，这方面的修养就显得极其重要了。

要提高修养，读书、看报是重要的简单可行的方式。在美国，商人们读《华尔街日报》是每天的"必修"课。而一手拿《华尔街日报》，一手拿公文包，已经成为美国管理者的典型形象。读书看报不仅可以保证及时获取商业信息，而且还能保持对市场的敏感性。

（4）强化能力

能力是一种重要的心理属性，它是人们在活动中所表现出的决定活动效果的因素。从管理者的活动来说，有的管理者能迅速掌握新的市场经验、知识，获得新的管理技能，能创造性地解决问题，解决问题的效果要优于他人。这样的管理者，就是能力强的管理者。

能力和知识、技能不同。知识、技能是指人们学习的内容或对象，而能力则是指人本身学习的潜力。能力的重要衡量标志，就是智商。一个管理者应该具有较高的智力水平，这是他成功而富有创造性地管理公司的素质保证。智慧是公司经营谋略的源，而谋略则是果。智慧者，善谋略，当可运筹帷幄，决胜千里。

（5）培养知识技能

要胜任管理者的角色，就必须具备管理者应有的知识、技能。这不外乎公司运作各方面的基本知识，涉及物资、人力、资金、信息及有关过程的管理和运作，以及对这些过程的计划、组织、指挥、协调、控制等技术。这些内容是管理实务培训的主干，也是MBA的经典学习课程。传统意义上所说的一个人是否能够胜任某种管理工作，大多是从知识、技能等方面来衡量的。知识、技能是管理者自我设计、塑造的重要方面。

（6）调节情绪

简单地说，情绪是人们对把事物评价为好坏而可接近或应回避的态度的体验，既伴随有原始的生理变化如心率、血压、呼吸、汗腺分泌等变化和躯体反应，如面部肌肉活动、身体僵直、攥拳等，也和高级的认识活动如判断、推理等思维过程交织在一起。

情绪具有沟通、组织、动机、适应等机能，是人们适应生存的重要心理过程，同时也作为一种个人的特质反映到人格中，成为了一个人的行为特色。

实际上，一个人的情绪机能是否健全以及是否控制、运用得当，就体现为"情绪智力"，并直接关系到其管理活动的效率和成功与否上。

（7）调控兴趣和动机模式

兴趣和动机反映了一个人活动的方向性及动力性的特征。兴趣是指其活动的具体指向，动机是指活动的能量投放，或者渴望达到目的的程度。当一个人对某种活动非常感兴趣时，他的全部心理能量都会投放到这一活动中去，而对其他活动则退为零观照的程度。一个方向性，一个动力性，合而观之，两者的意义不言而喻。

在一般情况下，管理者的兴趣、动机的模式和组织有一定的特点。管理者对什么活动感兴趣，把个人精力投入于何种事物，如何组织自己的心理能量，以及对待成就与失败、权力、人际关系的方式等，都投射了他的人格特点，并与管理绩效有一定关系。因此，如何调控兴趣模式、动机模式，使其和高效率的管理活动相匹配，也成了管理者素质培养的重要内容，成了自我设计的一个环节。

（8）培养鲜明的个性

个性和人格是指人独特的行为风格、思维方式、处世习惯，它们使人区别于他人而具有自身的特异性。人们通常所说的内向或外向、果断或寡断、刚愎或随和、胆怯或妄为、孤独或合群等等，都属于这一范畴。

每个人都有若干种个性特征，并不是每一特征都单一地决定了管理的成功。但有一些研究及经验表明，某些特征的组合、配合以及其他方面的自我设计，与管理活动的成功关系密切。

许多卓有成就的管理者都是具有十分鲜明个性的人物。他们的人格力量对于他们的成功是不可忽视的因素。

（9）勇于承担责任和义务

如果你由于害怕承担责任而不采取行动，那么你将一事无成。如果你发觉自己走上了错误的道路而敢于承认，并敢于把错误的决定改成正确的决定，那么则是管理者能力成熟和智慧的标志，也是走向成功的一种象征。

同样，要对自己的工作有义务感，例如：

①对自己的任何行动都要充满自信。做事不要拖拉，不要拐弯抹角，那样只能使你白白浪费精力且于事无补。

②收集事实，下定决心，要以完全相信自己是正确的心愿发布你的

命令。

③要重新检查你作出的决定，以便确定它们是不是正确和及时。

④分析别人作出的决定，如果你不能同意，你就要确认一下你不同意的理由是否是正确的。

⑤要通过研究别人的行动以及吸取他们成功或失败的教训来拓宽自己的视野。

⑥要心情愉快地承担起自己的全部责任。

⑦去做你不敢做的事情，从而获取做那件事的能力。

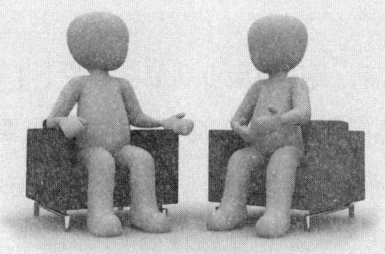

● 第 06 章 ●

最高决策者要对"战略"负责

得战略者得天下

诺曼底战役结束后,美国有大批高级军官脱下了军装,他们说:"我们得去打另一种仗。"他们从军界转入商界,并进了企业决策层。而在战争中形成的战略思维特质亦随之移植于经济活动之中,与企业发展需要相融合,从而萌发了企业战略思想。20世纪五六十年代美国企业战略尚处启蒙阶段,七八十年代进入战略管理阶段。许多大企业引入战略管理而获得了巨大成功,如微软、可口可乐等。日本通过学习借鉴,在战略管理上更提升了一步——于20世纪80年代率先进入战略经营阶段,并创造了世界经济奇迹。

谈起企业战略就不得不提及可口可乐公司进入中国时在北大校园里的一次促销活动。那两个冬天的日子似乎让人感到温暖,因为任何人都可以在午餐、晚餐时免费享用这家世界闻名的大公司所提供的老牌产品——可口可乐。外国公司的慷慨之举使得偌大的饭厅里排起了长长的队伍,当莘莘学子手持那个现在已遍布各角落的红色纸杯走向饮料机时,虽然其中的大多数会怀着一种复杂的心情来评价这次促销活动的创意,甚至会称道洋人的精明,但更为外国企业的战略眼光所折服——15年之后,可口可乐已经占领了我国碳酸饮料市场份额的16.3%,那个印有中英两种文字的红色广告招牌像潮水般地席卷了各个城市的街头巷尾。

无独有偶,继可口可乐促销活动之后,雀巢公司又带着它的袋装咖啡来拜访这座象牙塔了。"免费大赠送"足以把人群吸引过去。虽然北大的学生们在品尝了几次"烧煳了的锅巴"的口味后未必会上瘾,但事实上,此后学生们的桌面、床头的咖啡多了起来,也许是为了考托提神,也许是出于对时尚的追求,也许……

总之,人们不但知道了洋货的存在,而且逐渐对洋货留下了极好印象。

之后,又走来了Lee Cooper、P&G、惠普、摩托罗拉等洋公司。免费大赠送、低价大甩卖、高额奖学金。每一招、每一式，无不潜移默化地影响着人们的观念，并大有蔓延之势。而洋公司则带着人才与知名度心满意足、温文尔雅地离开了燕园……这就是跨国公司的战略眼光。

中国的市场实在是太大了，13亿多人每人消费10元一年就是15亿美元。无怪乎德国一位企业家曾说过这样一句话：我们的企业当下在中国还不能赚钱，但我们必须要在中国投资，我们要给我们的后代在中国市场上留下一个战略份额。

改革开放，外国企业给我们上了一堂深刻而生动的市场经济课，让我们领略到经济战争的惨烈与残酷、优胜与劣汰的关系，也让我们重新认识了自己。

战略的力量是巨大的，今天，我们惊异地发现：吃的是"麦当劳""肯德基"，喝的是"可口可乐""百事可乐"，穿的是"金利来""皮尔·卡丹"，踏的是"耐克""阿迪达斯"，洗头用的是"飘柔""力士""花王"，坐的是"丰田""凯迪拉克""奔驰"，住的是"喜来登"……吃喝拉撒加上行，消费的全是洋公司的东西。人们不禁要问，中国企业，你怎么了？

昔日飞黄腾达的南国"巨人"、如雷贯耳的北国"飞龙"、昙花一现的"标王秦池"，等等。中国辉煌一时的企业，大都逃不过"好不出三年，活不过五年"的怪圈。这一现象，无不发人深省、催人思考。

中国企业十分需要战略，中国企业更需好战略。这是因为，没有战略规划指导的企业是很容易迷路的；而迷路了的企业，很难不误入歧途；迷路后走入歧途的企业，失足是必然的——这就是造成许多中国企业辉煌不再的根由。

人有病，必须医治，才能强身；无病，也需要长期保健，才能壮体。企业又何尝不是如此。而现实是企业有病不知，或是治标不治本，更况保健乎？殊不知，大发展带来大隐患，小发展、不发展已是病魔藏身，我们为此所付出的沉重代价已经使我们无法再觉得轻松。

得战略者得天下。令人高兴的是部分中国企业的战略已日臻成熟，如真诚的"海尔"、永固的"长城"、绚丽的"长虹"、高飞的"小天鹅"，更有那毫不屈服的"乐凯"与豪情万丈的"用友"……虽然企业战略在中国还很年轻，甚至被很多企业所忽视，然而人们坚信：星星之火，可以燎原。

战略决策要有大思路

还记得希腊传说中的奥德修斯和阿伽门农吗？阿伽门农率领希腊军队围攻特洛伊城，其10年都未能攻破。奥德修斯接替阿伽门农后，向特洛伊人呈献了一匹潜伏了希腊士兵的巨大木马，希腊军队在一夜之间就取得了战争的胜利。小思路使战争陷入10年的僵局，而"木马战略"则是一个打破僵局的大思路。

做人要有远大的理想和抱负，要有勇气去探索与实践未知的领域。做企业也是如此。领导者的思路决定着企业的出路，这不是一句空话，而是有其实际意义的。

2001年9月，牛根生高调制订了一个未来"五年规划"，将2006年的销售目标锁定为100亿元。此言一出，舆论沸腾，大家都以为老牛又要搞"大跃进"了。因为蒙牛2000年的销售收入不到3亿元，2001年前三季度也只做到了5亿元左右的样子。家底如此之薄，怎么可能5年"放卫星"做到100亿元，这可相当于中国乳业2000年总销售收入的半壁江山啊！

最后的结论是，大家都很理性地认为这个目标"太夸张"了。而牛根生却力排众议，他说："这也是我当总裁'胆子小'，如果换了别人当总裁，那可能就不是100亿元，而是200亿元！"在一片怀疑声中，牛根生耐心地做董事们的工作、做高管们的工作，勉勉强强，大家通过了这个"五年规划"。

第06章
最高决策者要对"战略"负责

然而到了 2002 年,当蒙牛的销售收入达到 16.7 亿元的时候,大家才开始真正信服牛根生的眼光。到了 2004 年,蒙牛的销售收入已经蹿升到了 72.138 亿元。这时候,大家又仿佛觉得当初定的规划"偏小"了。

还是在 2001 年的下半年,组建才两年的蒙牛在自己的管理层组建了考察队伍,他们的澳大利亚、新西兰之行点燃了打造全球样板工厂的一个导火索。在新西兰,管理层清晰地看到:是乳业支撑了这个国家。这更加坚定了他们早些时候提出的建设"中国乳都"的决心和野心。于是,一个伟大的梦想产生了:把由呼和浩特通向盛乐经济园区的 209 国道两侧变成一望无垠的"人工草原"。澳新之行后,蒙牛初步定下了建设"千吨工厂"的思路。

这在中国乳业中是史无前例的。做什么?这是关键一步,如果实施得不好,就会造成浪费。几经讨论,最终方案定位于液体奶。同时,在"千吨工厂"思路的基础上又明确了一条:我们要建的是"全球样板工厂"。

到了 1999 年年底,蒙牛总部的"一期工程"竣工投入使用;2000 年年底,"二期工程"投入使用;2002 年年底,"三期工程"投入使用。全部工程均定位于"国内顶尖、国际领先"。其中"三期工程",是目前全球放置生产线数量最多、日处理鲜奶能力最大、智能化程度最高的单体车间,引进世界上最先进的设备和技术,拥有全国乳品行业容量最大、自动化程度最高的立体智能仓库,被国际著名牛奶设备制造商利乐公司誉为"全球样板工厂"。

蒙牛乳业股份有限公司的三期建设项目工程总投资为 9.6 亿元,占地面积达 16 万平方米。整体车间完全按照国际 GMP 和 HACCP 的标准进行设计和安装,共放置有 20 多条液体奶生产线,日处理鲜奶 1000 余吨。该生产线采用的是目前世界上最先进的 ALFAST 标准化闪蒸系统,可以将牛奶脂肪含量精确到 0.1 以下,提高牛奶的乳固体含量,保证牛奶口感的均匀、稳定,不受季节影响。

"三期工程"中还包括拥有 18000 个货位和可储存 14400 吨牛奶的自动化立体智能仓库。仓库完全采用电脑自动化管理，所有货物的入库、调配与出库均通过人机对话操控，实现无人化管理，只要入库货物的资料输入准确无误，所有出库货物绝对遵循"先进先出"的原则，准确到达指定位置。

在气魄宏伟的大型智能化仓库前，牛根生自豪地告诉利乐首席执行官耐克·谢雷伯尔："这个仓库有 18000 多个仓位，可容纳 14000 吨牛奶，24 小时智能化操控，不用人工。像这样的仓库，中国目前有五个，前四个都是放导弹的！"客人们闻言大笑。

"三期工程"的收奶系统也是目前国内智能化程度最高、设计最科学的，所有罐体上均设有液位传感、温度传感等监控装置，所产生的数据直接反馈到中控系统，由电脑自动识别进行操控。

蒙牛的迅速崛起带动了内蒙古乳业的发展。虽然全国乳业生产普遍呈持续增长态势，但内蒙古的增长速度却比全国的平均增速高出近 6 倍，鲜奶增长量已超过全国增量的 1/10，这样的速度在中国乳业史上闻所未闻。

很显然，如果没有当初的气概和几乎不可能实现的目标，蒙牛几年来的资源配置结构就不可能那样"大派"、那样富有"吞吐性"——会不会盖全球样板工厂，会不会建国际示范牧场，会不会放眼华尔街携手摩根，会不会开拓香港市场并最终上市——所有这一切，虽然不好作一般性的评述，但有一点可以肯定："有准备的仗"和"没准备的仗"，一定会是两种完全不同的打法。

因此，有句话常常被蒙牛人挂在嘴上："有信心不一定赢，但没有信心一定会输；有行动不一定赢，但没有行动一定会输。"而今天，蒙牛有理由再补上一句：有目标不一定赢，但没有目标一定会输。

蒙牛远大的发展战略可以从蒙牛的一些营销策略中看出来，蒙牛的广告定位从1999年就很清晰，所有的广告，哪怕是5秒的广告，后面结尾的时候都会提到"蒙牛乳业"。这样做向消费者传递的信息是蒙牛就是专业做乳制品的一个企业，反映了蒙牛要做成百年乳品老店的战略目标。

归根到底，企业发展的战略胆识对于企业未来的成长至关重要。

当你的企业确定了一个遥远的目标并为之努力的时候，这时你的企业便已经具有了一种无坚不摧的力量。但同时，若心中的目标很小，则收获的希望也很小；若心中的目标很大，则收获的希望会更大。不要顾忌专家们口中的"不可能"，放手去干就是了，成功永远属于那些胸怀大志的人。只要有信心，只要不断进取，即使表面上看起来不可能的事情也会变得轻而易举。

认清战略管理的几个误区

对于企业的长期发展而言，战略管理绝非小事。但是不能因此就把战略管理当作包治百病的灵丹妙药，如果因此走进了误区，反而会把战略管理弄得一团糟。

一般而言，战略管理的误区大致可分两个层面，一是认识误区，二是管理措施失当。

首先说认识误区。

误区之一：战略可以消除企业风险

假如你只有一艘小船，就只能在小河里捞小鱼、小虾，因为小船无法承受大海的风浪；而如果你有大轮船，就可以不畏风浪，去大海中捞大鱼。如果说小河、大海相当于企业的经营环境，风浪相当于经营风险，那么船就相当于企业，船的大小相当于企业抵御风险的能力。风浪总是客观存在的，并不会因为你的战略规划而消失。战略的制定并不是企图消除企业风险，它的作用在于"当明天真正来临的时候，你和你的企业已做好了准备"。

"贝姆·巴威克定律"认为，更大的风险＝更大可能的成果：在企业经营中，一分风险一分利润；如果没有风险，随便谁都可以做，利润也就很少了。如果你有不怕大风浪的大轮船，就可以到大海中抓大鱼，大的利润就会属于你。因此，成功的战略规划是为了提高企业承担和抵御更大风险的能力。

误区之二：战略能够量化，并具有操作性

战略是分析和判断，其本身不能量化，但它的目标和计划又必须量化；战略本身没有操作性，但实现战略的管理方法具有操作性。

许继集团曾经提出要做中国电力装备业最优、最强、最大的"龙头"。这是该集团的战略定位，它界定了区域——中国，界定了行业——电力行业的装备业，界定了方向——最优、最强、最大。然而，它不能量化。它后面会有一系列目标来界定：什么是最优、最强、最大；还有一系列的计划说明：如何才能实现最优、最强、最大。

在放眼真正的战略目标规划战略的同时，也要定出实现战略的一系列策略和途径，使战略有实现的可能。战略定出来，还需要落实，需要通过战略咨询会、计划预算咨询会、战略平衡积分卡等一系列管理手段将公司的战略变成业务单元的策略，变成具体的行动计划，变成一系列的财务数据，变成一系列的考核指标……这样就有了可操作性。这些操作性的内容，是一系列的管理方法，是落实战略的手段，而不是战略本身，同具体定的什么战略也没有关系。

误区之三：战略是明天的决策

战略不是告诉我们"明天会发生什么""明天应该做什么"，而是告诉我们"目前的思想和行动必须包括怎样的未来性""今天必须为不确定的明天做什么"。

举例来说,你在路上开车,一公里之外有一个大坑,由于你有战略规划——提前看到坑,作出了决策——早点刹车,车不到大坑就停住了;另一个人没有看到大坑,一直往前开,一下掉进坑里,他在坑里想:那个家伙真有战略眼光,一公里之前就刹车了。

战略是前瞻性的,但是需要后验,惟独决策是现在的。只有前瞻性地看到"大坑",现在才能作出正确的决策,以避免车毁人亡。这个结果是后验的。刹车是一公里之外的事,是现在的决定,不是明天的决策。

每个人今天作的决定,客观上都包含着一定的未来性,都会在将来被验证。差别在于,今天决策时,有没有前瞻性地看到未来的变化趋势,看到未来的机会和威胁——这就是战略的魅力之所在。

战略是很实在的东西,并不虚无缥缈,所以不能以"忙"作为借口而把它推到明天——因为你今天所做的事情,都几乎会构成未来命运的一部分。

中国的很多民营企业在创业时,可能是抓住了政策上的机遇,或利用了特殊的关系,甚至可能是钻了法律法规的空子……不见得是因为实实在在为客户服务发展起来的。如今,以客户为中心的时代已经到来,创业时的投机已无法持续;企业的长期发展,取决于能不能真正为客户创造价值。

那么,从现在开始好好分析客户需求、细分客户群体、提高客户服务、提高产品研发能力、提升管理水平、培养员工队伍……这些工作似乎不能马上就给你带来立竿见影的利润,甚至还可能增加成本,但等别人都掉进"一公里外的深坑"时,你的战略、管理能力和优秀的员工队伍就会使你安然无恙,继续向前发展。

战略很朴素很实在,并不具有投机性。因此,与其临渊羡鱼,不如退而结网。而在实际的管理实践过程中,许多企业一不小心又会进入到另外一些误区。

（1）流浪倾向

一位管理大师有个形象的比喻：没有战略的企业就像流浪汉一样无家可归。国内不少企业就有这种"流浪倾向"。它们缺乏企业战略，经营企业喜欢"脚踏溜冰鞋"，"溜"到哪儿算哪儿。许多企业经营者因为繁冗的事务性工作而成为"大忙人"，以至于无暇顾及企业任务、方向及战略。管理大师彼德·德鲁克认为，使企业遭受挫折的最主要原因恐怕就是人们很少充分地思考企业的任务是什么。可以想象，一家没有方向意识和连贯一致的经营战略的公司在激烈竞争的市场中将会是什么结局。当一家企业像流浪汉一样不知道应往哪里走时，企业的命运是极其危险的，因为它通常会走到其不想去的地方。

随着中国企业战略性重组的逐步推进，产业结构的调整和优化的力度不断加大，以及市场结构的细分化、多样化，企业面临着前所未有的"战略危机"。市场竞争的优胜劣汰，企业广泛的并购重组，使得企业的经营范围、组织规模和结构、产品结构、市场范围等不可避免地发生了重大改变。同时，由于跨国公司咄咄逼人，国内企业的竞争压力大大增加，因此，企业必须不失时机地重新制定企业战略，才能成功应对市场竞争。

（2）东施效颦

有些企业虽然也考虑制定战略，但其战略不是建立在对企业外部机会、威胁和内部优势、弱点的全面、科学分析与论证基础之上，而是喜欢走"东施效颦"的"捷径"。其看到别的行业、别的企业的战略获得成功，便盲目跟风。尤其是在企业进入新产业领域的问题上，缺乏独立判断，热衷于"跟进大势，人云亦云"，致使许多同行业的企业发展战略高度雷同。如中国家电行业便是一例。许多企业除了不顾自身的资源状况，在战略上猛刮"高科技"之风，似乎企业只要与"高科技"沾边就会无往而不胜。殊不知，高科技同时也蕴含着高风险，高科技企业除了具备一般企业应有的资源之外，必须要具有很强的抗风险能力，才能在市场上立足。

这一问题不仅表现为仿效别的企业经营战略，而且还表现为仿效自己企业过去的经营战略。当环境和竞争条件要求企业战略发生变化时，企业却往往不能做到这一点。正如一个经典的军事案例所言：拿破仑之所以胜利，是因为他的敌人仍采用适用于以往战争的战略、战术和组织形式。而当他败于俄国人及西班牙人时，又是因为他对敌人采用了"以往行之有效"的战略，而敌人则以新的思维建立了不是适用于过去而是适用于当下的战略。企业如果固守过去曾经行之有效的战略，必将败于竞争对手。这已为近年来一些企业的经营实践所验证。

企业战略，是基于特定企业的战略，它因时、因地、因企业而变化。没有一个具体战略可以重复救活两个濒临倒闭的企业，或重复使两个企业得到持续、稳定、快速发展。不同行业的企业，同一行业的不同企业、不同资本、不同结构、不同技术和市场前景，需要选择不同的战略；而同一企业在不同成长时期、不同生产规模时，也必须选择不同的战略。

（3）航母情结

国内企业有一种倾向，即企业越大越好，跨的行业、地区越多越好。近几年企业界有句流行语，就是"把小舢板焊接成航空母舰"。当你询问企业经营者，他的企业战略目标是什么时，得到的回答多半是"做大"。许多"小舢板"因外力作用而被焊接成了"航空母舰"，但由于缺乏协调，难以形成"有机体"和核心竞争能力，因而在市场的汪洋大海中很难真正发挥出航空母舰的作用。

企业的规模只有与企业所拥有的资源及运用资源的能力相适应，才能发挥出规模效应。近些年，由于我们能够看到的或比较熟悉的往往都是一些大的跨国公司，因而给了我们一种错觉，以为国外的公司都是跨行业很多的跨国公司。而其实，在美国绝大多数都是专业化的中小企业。美国在世界500强固然占有相当多的席位（如1998年就有185家），但我们不要忘了美国还有2000多万家中小企业。因此，就企业战略而言，重要的不是"贪大"，而是"图强"。

（4）旧瓶装新酒：组织结构与经营战略的矛盾

有什么样的战略，就应有什么样的组织结构。这是因为企业的组织结构不仅在很大程度上决定了目标和政策是如何建立的，而且还决定了企业的资源配置。但这一点却往往被企业经营者所忽视，相当多的企业试图以旧的组织结构实施新的战略。不少企业的组织规模、经营领域、产品种类、市场范围等等，随着新战略的实施已发生重大改变，而企业的组织结构却变化缓慢甚至是一成不变。这种"旧瓶装新酒"的做法，往往致使企业的现行结构变得无效，其典型的症状包括：过多的管理层次，过多的人参加过多的会议，过多的精力被用于解决部门间的冲突，控制范围过于宽广，有过多的目标未能实现等等。国内这几年一些"井喷式"发展的企业后来之所以"雪崩式"倒下，除了战略制定上的失误之外，在战略实施中组织结构调整的严重滞后及现行组织结构本身的缺陷显然难辞其咎。

企业组织结构的调整，并不是为调整而调整，而是要寻找、选择与经营战略相匹配的组织结构，切不可生搬硬套。企业是按产品设置组织结构还是按职能设置组织结构，是按地理区域设置分公司还是按用户设置分部，是建立战略事业部结构还是采用更为复杂的矩阵结构，一切都必须以与战略相匹配为原则，以提高企业沟通效率、激励员工参与为目标。埃德森·斯潘塞说："在理想的企业结构中，思想既自上而下流动，又自下而上流动，思想在流动中变得更有价值，参与和对目标的分担比经理的命令更为重要。"对于特定战略或特定类型的企业来说，都应该有一种相对理想的组织结构。尽管特定产业中成功的公司趋向于采用相类似的组织结构，但对某一企业适用的组织结构未必一定适用于另一家类似的企业。因此，创建与新战略相匹配的组织结构是战略顺利实施的重要保障。

（5）赶鸭子上架：战略实施与人才匮乏的矛盾

企业往往要到战略实施时，才能更加真切地意识到对实施新战略所需要的人才和技能的估计是如此不足。有些企业简单地认为只要有足够的资金，企业便"无所不能"，企业扩张就可"心想事成"。尤其是在经过一段高速成长期，企业有了相当的资金积累，正准备进行"二次创业"、实施跨行业经营战略之时，由于目标的"远大"和战略的"宏伟"，企业一时难以网罗足够的人才，于是便出现了近年来企业普遍存在的现象——"赶鸭子上架"，即将管理能力、技术水平明显不够的人员推上实施新战略的重要岗位。如酿酒公司涉足房地产领域时，任命酒厂的副厂长为新成立的房地产公司总经理；制药企业进入信息产业时，任命原副总经理为新成立的网络公司总经理；生产光缆的上市公司任命原车间主任为新成立的证券投资部经理，等等，不一而足。不仅经营管理者如此，技术研究、产品开发、市场营销、财务管理、信息管理等重要部门的业务人员往往也是"赶鸭子上架"。

企业在实施新战略时必须清醒地认识到，有了正确的经营思路，还要有具有相应能力的管理者及员工才能实现公司的战略意图，否则在执行过程中便会偏离方向，不仅无法实现战略目标，反而很可能会给企业造成重大损失。不少企业失败的原因并非是战略目标的失误，而是战略实施所需的技术力量及组织管理能力的不足所致。

（6）这山望着那山高：短期利益与长期利益的矛盾

在中国的企业界有这样一种现象，经营者在制定战略时思想坚定而专注，但没过多久他们就"见异思迁"了。企业往往经不住市场上不断涌现的"利润增长点"的诱惑，热衷于"哪里热闹哪里赶"，忽而房地产，忽而证券，忽而生物制药，忽而保健品，忽而环保，忽而网络……不能一如既往地执行既定的战略，原先的战略被抛至脑后，企业被短期利益所左右，企业经营变成"游击战"，"打一枪换个地方"，结果企业却"在运动中消灭了自己"。

随着企业内外环境的变化，企业战略固然需要调整与发展，但这并不等于可以"踢开战略闹革命"。企业战略一旦付诸实施，企业就必须立足长远，必须专注、有焦点，把资源集中在既定的战略上，培养核心竞争力、开发核心产品，发展出自己的流程和自己的技术，并且把品质标准提升到世界水准，参与国际竞争。惟有如此，企业才能获得长期利益，真正做大做强。

（7）亡羊才补牢：评价时机不当

不管你制定企业战略时考虑得多么全面、周详，由于市场环境的瞬息万变，你总会感到"变化大于计划"。因此，适时、客观、高效地对正在实施的战略进行评价，并据此采取相应行动，无疑是保证企业实现既定目标的必要条件。

但不少企业习惯于到年末甚至是只有到发生重大问题时，才考虑进行战略评价。近几年，国内企业比较流行在经营出现严重挫折以后才回过头来审视企业战略，总结出"几大反思""几大忏悔"等等。其实，企业战略出现危机并非是一朝一夕的事，往往都有一段"潜伏期"。在"潜伏期"的早期阶段，企业经营者也大都有所察觉，但由于尚未出现严重的偏差，不易引起经营者的重视。由于未能及时进行战略评价，找出问题所在并采取相应的纠正措施，当企业外部或内部出现某种"诱因"时，战略危机总爆发就在所难免了。如"三株"仅仅因为与消费者的一桩官司就使企业发展出现重大挫折，便是一例。

战略评价何时进行才合适？实际上，战略评价活动应当持续地进行，而不只是在特定时期的期末或在发生了问题时才进行。当环境变得愈来愈复杂、市场变化越来越快时，战略评价活动的频率也要相应提高。惟有如此，才能及时校准方向，防患于未然。

(8) 见树不见林：评价指标片面

一方面，企业在进行战略评价时容易片面强调短期的财务指标，如投资收益率、股本收益率、销售增长率、市场份额等。这些指标固然重要，但由于绝大多数财务指标都是为年度目标而不是为长期目标制定的，而有些战略需要经过几年甚至更长的时间才能实施完毕，其实施结果可能在数年后方能显现。因此，这种做法有时不仅难以对战略作出公正、客观、准确的评价，反而在客观上"弱化"了战略目标，并极易对企业的战略实施产生误导。企业为了追求这些财务指标，自觉不自觉地将战略目标搁置一边，而采取种种与战略不一致甚至是背道而驰的短期行为。我国证券市场有几家一度"绩优"后来却出现巨额亏损的上市公司，就很能说明这一问题。这几家公司过去片面追求年度业绩指标，而忽视了对战略目标的把握，以至于酿成了今日的苦果。

另一方面，企业在进行战略评价时容易忽视质量指标，很多数量指标会因使用的会计方法不同而得出不同的结果。因此，质量指标在战略评价中就显得非常重要了，如缺勤率、调动率、生产质量、生产效率、员工满意度等等都是影响绩效的重要因素。

《财富》杂志每年都会对25个产业的企业进行评价，采用关键的8项评价指标是：管理质量，创新性，产品或服务质量，长期投资价值，财务状况，对社区和环境义务的履行，吸引、培养和保留人才的能力，对公司资产的使用。

可见，企业在确定战略评价指标时不仅要"长短结合"，决心与耐心相得益彰，而且要"软硬兼施"，数量与质量相互统一，真正做到"见树又见林"。

(9) 远离数字化：评价手段落后

多数企业的战略评价，或者是"集中式的专家研讨"，或者是"零散的内部报告"，评价活动多是"静态"的，即并未将评价活动作为一个动态过程来管理，而是评价报告完成就意味着评价活动的结束。企业尚未形成相对稳定的评价机制和"动态"的评价体系。远离数字化的落后的评价手段在企业中还有相当大的市场。

随着数字时代的来临，人们获取和处理信息的能力大大提高。企业必须紧跟时代，更新战略评价的手段。

在市场竞争中，通常是拥有最佳信息的一方获胜。在某些情况下，管理者需要掌握当日的新信息。例如，当企业通过收购兼并而进行多元化经营时，便需要频繁地得到各种新的评价信息。及时而笼统的信息较之精确但过时的信息，通常更适合于作为战略评价的基础。因此，互联网技术被广泛采用，成为企业采用最新信息进行战略评价的基础。

企业还应利用计算机协助经营者进行综合、统一、分析性的和经济的战略管理评价活动。企业ERP（企业资源计划）、IMS（信息管理系统），以及大量的企业管理软件的应用，都将大大提高企业处理信息的速度和能力。

数字化能明显促进战略评价过程中直觉与分析的有效结合。长期以来，许多企业经营者习惯于靠直觉决策和评价，尽管有其合理的成分，但遇到复杂的情况就容易出现偏差。虽然计算机只是决策工具而不是真正的决策主体，但它可以提供不带感情色彩的客观信息，以及基于这些信息的分析与判断。以此与直觉相结合，可使战略评价更加准确。

战略目标与绩效目标不可脱节

如果评选"最令管理者生厌的工作"的话，"考核"肯定能名列前茅。频繁的考核周期、复杂的表格、烦琐的评价项目、上下级在制定目标时的讨价还价……无一不让管理者头疼。

这种令人生厌的局面究竟是什么原因造成的呢？

究其原因，绩效目标和企业战略相脱节是重要因素。

首先，很多企业盲目追求绩效目标的"全面性"。为了不遗漏目标，企业往往把各种指标都罗列出来，并设计出相应的标准进行考核，有的部门甚至承担着30多项指标。这种看似周全的考虑，在实践中只会带来两种结果。

一方面，人的精力分散，不能集中在重点目标，尤其是战略目标上。心理学研究证明，人在一个时间段内的心理能量只能很好地关注7个左右的单元。目标非常多和没有目标的效果是一样的。

另一方面，人们在多目标情景中，由于不能兼顾，往往会采取"牺牲创新，少犯错误"的行事原则。因此，规规矩矩表现的部门由于没有大的差错，就不会得到太差的评价。

仔细加以研究会发现，追求目标的全面性的背后有两种假设。一种假设是，员工天生是爱偷懒的，因此需要外部的监控；另一种假设是，不考核的内容，员工就不会去做。而实际上，员工最反感的就是外部控制，尤其是知识型员工这种心理更为强烈。另外，企业不能以"考"代"管"，日常的沟通、协调和关键点的控制程序都是必要的管理措施，不能把全部压力都由绩效考核来承担。

造成脱节的更重要一个原因是，绩效目标的来源往往不是企业战略。

在很多企业中，无论是部门的绩效目标还是员工个体的绩效目标，往往来源于以往的习惯和静态的职能界定。基于过去的做法来制定当前的绩效目标，显然是假设环境处于稳定状态，不会有太大的变化。而实际上，在这个变革时代，多数行业的环境都是动荡的，存在着极强的复杂性、频繁变化性和不可预测性。因此，在制定绩效目标时一定要基于新的环境要求，而不要过分基于过去的行为习惯。

此外，基于静态的职能界定制定绩效目标，往往是不直接承担业务指标的行政支持部门的做法，它们假设部门的职能是稳定的，工作内容也是固定不变的。而其实，无论是业务部门还是支持部门，随着企业战略的不断调整，其绩效目标也是不断变化的。

那么，如何解决绩效目标和战略的脱钩问题呢？我们可以从平衡计分卡中寻找解决思路。如果我们不能描述一项事物，我们就找不到衡量它的方法。如果不能很好地衡量一项事物，我们就很难有效地管理它。对于企业战略而言，也是这个道理。中国的企业家不缺乏战略眼光和思考，欠缺的就是如何把这些想法用清晰的语言和可操作的方法描述出来的魄力。平衡计分卡中强调因果关系链，实际上是企业战略的描述。这种因果关系式的战略描述，使得我们能够对战略进行管理，而不是盲目地跟着感觉走。以戴尔公司为例，以直销模式为核心、提升运作效率是其战略，而只有把这个战略从财务、客户、内部流程和学习与成长四个方面进行定量化描述时，这个战略才能够真正落地。

平衡计分卡中的因果关系链有两层含义。一层含义是普遍意义上的 BSC 因果关系链。即员工学习与成长促进内部流程的改善或创新，进而提高顾客满意度，最后影响财务绩效。另一层含义是指和企业价值定位直接相关的因果关系链，是通过从员工学习与成长到财务、客户、内部流程这四个角度之间的层层递进关系来实现这个价值定位的。平衡计分卡的四个方面只是描述战略的思考模式，只有那些具体的衡量指标才会对企业的实际行动有直接的影响力。如 3M 公司以创新为其战略，在其员工学习与成长方面就会制定出促进创新战略的具体绩效目标，如激励创新的薪酬机制建设等。

当然，由于战略是动态的，企业的绩效目标也应不断调整，只有随战略而动才能保证绩效目标和战略不脱节。同时，也要敢于大胆舍弃非战略性的绩效目标。战略最主要的不是选择做什么，而是选择不做什么。绩效目标的设计也是如此，大胆地舍弃非战略性目标是保证战略性绩效目标得以实现的举措。

当然，对企业生存至关重要的目标虽然不一定体现变动的战略，也仍然应设计为考核目标，如金融服务业中的风险控制目标就是一个典型的例子。

总之，无论是关键绩效指标还是平衡计分卡，都倡导战略性绩效管理体系的设计。作为"战略性"的体现，最为重要的就是绩效目标和战略的紧密结合。

战略规划不能盲目扩大

中国企业进入规模扩张阶段所遇到的多元化陷阱是一个普遍性问题。中国的许多企业管理者认为，单项产品的市场份额是有限的，也就是说单项产品的规模是给定的，在一种产品上的竞争很难快速进行规模扩张，切蛋糕的人越多每个人分得的蛋糕越少，所以企业要想扩大规模就必须实行多项产品经营，也就是多元化。

然而，许多企业在实行多元化时，由于决策不清而陷入了难以自拔的泥潭：一是你试图搞新产品、进入新产业，避开竞争对手的恶意竞争，而实际上你的竞争对手同样如此，在新的产品和新的产业方面立刻就会陷入到一种过度竞争中，这就是博弈论，你不可能找到最佳的解决方案。在一个市场中如果只有两个竞争对手，这两个竞争对手无论采取什么经营策略都会造成两败俱伤的结局，这也是很多中国企业多元化的结局。中国的彩电行业在电子行业的产业延伸即是明证。二是盲目多元化，产业多元化的产业关联度较低，致使多元化失败。产业关联度不高，跨度较大，以高技术为基础的企业转而投资风险较大的房地产，搞房地产的又转而搞网络经济、高新技术企业，使企业经营的不确定因素增加。

一个著名的案例就是当年众所周知的轻骑集团。轻骑集团曾经连续多年排名全国摩托车行业之首，雄踞摩托车行业霸主地位。毫不夸张地说，轻骑集团的历史就是一部轰轰烈烈的扩张史。20世纪90年代初，轻骑开始以控股参股、兼并联合形式收购企业，在鼎盛时期，集团拥有全资国有企业29个、中外合资公司16个，子子孙孙公司近百家，并先后控股济南轻骑（A、B股）、新大洲A、轻骑海药等三家上市公司，其辉煌程度可以想见。

然而，当轻骑集团还在总结低成本扩张之路是盘活国有资产存量、优化资产结构时，危机便已悄无声息地逼近了。自1998年之后，集团的生产经营每况愈下，各子公司不但不盈利，反而需要轻骑集团大量输血。截至2001年初，轻骑集团旗下三家上市公司全线亏损，其中轻骑集团持股40％多的济南轻骑更创下2.72亿元的巨额亏损。同时，济南轻骑2000年年报披露，轻骑集团违规占用济南轻骑资金达25.8亿元。消息传出，全国哗然，昔日摩托车王国、轻骑系列缔造者，8亿元国有资产拨动140亿元总资产……所有罩在轻骑集团身上的耀眼光环瞬间便消失殆尽。

轻骑的近百家子公司广布于摩托车、汽车、信息、房产、广告、制药、农业、餐饮服务等行业，无论是对哪一个企业来讲，如果把有限的精力、智力、时间集中办一件事都会事半功倍。而如果随心所欲，四面出击，八方应付，必然会力不从心，结果事倍功半，甚至全盘皆输。

把所有的鸡蛋放在一个篮子里，固然有其不可避免的风险，但在条件不成熟的情况下就盲目地把鸡蛋到处乱放，这样的风险更大。相较于这种"自杀式"的盲目扩张，踏踏实实地守住现有的惟一的篮子，尽心尽力地看好篮子里的鸡蛋，也不失为一种明智的选择。毕竟，生存是发展的前提。如果连生存都保证不了，还有什么资格谈"战略规划"。

第06章
最高决策者要对"战略"负责

决策失误导致战略管理失败

创业者在创业之初都是靠自己的直觉作决策，凭借自身的能力和良好的外部环境把企业做到了千万级规模。可是当企业扩展之后，企业的决策机制并没有实现科学化和民主化，很多重大决策还是老总一个人说了算，就是我们常说的"一言堂"。这种现象在家族式的企业中表现得更加明显。

人不是万能的，是人不是神，如果还是采用原来的决策机制，不发挥民主决策的作用、不借用外脑，那么企业必定会有很多决策失误的地方。如果错误出在一些关键的投资决策当中，那么这个企业可能就因为这一个失误而一蹶不振了。讨论失败是为了从失败中吸取教训，也许只有经历了失败，管理者才会成熟起来，但我们希望他们更多地"学习"别人的失败，而不是去重蹈覆辙，否则，整个社会付出的代价将是不可估量的。

中国改革开放40年来，涌现出了诸多创造"致富神话"的民营企业家，但近年不少已经烟消云散。如安徽"傻子瓜子"老板年广久、"爱多"VCD公司总裁胡志标等，都是曾经红透全国的民营企业家，如今都已不见踪影。为什么中国的这些民营企业总是呈现"各领风骚两三年"的抛物线式发展轨迹？改革开放之初出现的首批民营"企业家"为何屡屡中箭落马呢？

（1）决策的浪漫情结

在一个知识分子较多的企业当中，有一点知识分子固有的浪漫化的企业文化是无可非议的。但是，企业这个团体本身是一个经济组织，处在一个残酷的经济竞争环境之中。企业经营的根本目的是获得利润，企业的每一个投资决策都必须进行具体利润的数字计算。

飞龙集团在6年的经营实践当中淡化了企业获取利润的目的，决策过于理想化、浪漫化，导致飞龙集团的大部分干部在企业运行过程中也出现了严重的理想化和浪漫主义行为，不计成本，不算利润。商人是以盈利为目的的，哲学家、艺术家、空想家在企业是不可能有立足之地的。

（2）决策的模糊性

不熟不做是商业法则之一，但有一段时期，飞龙集团总裁姜伟过于强调产业多元化，涉足了许多不熟悉的领域。同时，有许多事情也是姜伟所不熟悉的，又没有熟悉这方面的专业人才来实施，所以盲目决策和模糊决策时有发生，凭着"大概""估计""大致""好像"等非理性的判断进行决策。

（3）决策的急躁化

市场经济只有开始没有终止，凡是商人必须要以平静的心态参与无休止的市场竞争。

假若能从头再来，假若失败的中国企业家们能够东山再起，他们要做的最重要事情应该是：在企业内建立一套完善的制约和监督机制。因为，几乎所有失败的决策都是在个人拍板中产生的，这是中国企业家失败的最根本原因。

原巨人集团总裁、如今又东山再起的史玉柱在检讨失败时曾坦言："巨人的董事会是空的，决策是一个人说了算。个人的失误，给集团的整体利益带来了巨大损失，这也恰好说明，权力必须要有制约。"

不仅仅是巨人，我国绝大多数企业决策基本上是专断体制，因此，没有人能够阻止沈阳飞龙姜伟"决策的浪漫化、决策的模糊性、决策的急躁化"，也没有人能质疑济南三株吴炳新的"三株年销售额在1999年达到900亿元"的宏伟目标（按照这一目标，三株当年就可跻身世界500强）的提出是否可行。

中国私营企业大多集创业者、所有者、决策者和执行者为一身，董事会形同虚设，下级也只能惟命是从。这些条件与权力的高度集中，必然使我们的企业家个人拥有了全世界最高的经营决策机会和决策错误机会。正

第06章
最高决策者要对"战略"负责

如史玉柱所讲:"决策权过度集中在少数高层决策人手中,尤其是一人手中,负面效果同样突出。特别是这个决策人兼具所有权和经营权,而其他人很难干预其决策,危险更大。"

一个企业办大了,它就必然是社会的企业,企业的发展必定要社会化。而中国的企业之所以畏缩不前,就在于我们的大多数企业家一直没有解决在使自己的企业成长的过程中,如何实现资本的社会化、决策的社会化和利益共享的社会化,所以企业只能徘徊不前。

中国国有企业没有成为航母企业的机制,所以有希望成为巨型企业的公司是从私营企业中产生的,但这些私营企业如果想真正成为大公司就必须解决企业创立初期的个人化和发展壮大以后的社会化问题;而解决社会化问题,不仅仅在于一种简单的分配方式,还在于企业的资产所有权必须社会化,企业必须策划它的上市,而上市不是圈钱,是为了真正实行社会化经营和社会化的利益共享。

企业的决策也必须社会化,老板必须制定一种制度来制约监督自己。因为私营企业发展到一定规模后,它的一个最大的非社会化特征就是老板的权力不被约束。不管是巨人的老板还是飞龙的老板,他们的一句话就顶一万句,当他一个人犯错误的时候,整个企业也会无法自拔。这样的企业不仅会失掉企业的人才,同时也是老板德行上的失败,是一种非社会化的因素导致了企业发展过程中的失败。

中国呼唤着这样的企业:它的产权清楚、利益清晰,但是这个企业必须是社会化的企业,这个企业的最终发展目标是使社会共享企业的利益。这是中国企业制度之根本。微软的成功,不在于比尔·盖茨个人的聪明,而在于比尔·盖茨在微软创业之初就采取了规范的股份制的做法,当微软成为一个大公司的时候,他很快就把自己的利益、经营和管理社会化了。所以,社会化的企业发展体制是最重要的。

我们现在面临着两个悖论。第一,国有企业不可能实现社会化。国有企业的决策者是政府，国有的经营者面对的是组织部对他的任命，他怎么会去实施社会化的决策和社会化的利益共享呢？第二，私营企业从开始的第一天起，所有老板都认为，企业就是我自己的，别人无权对我指手画脚。同样，这也是不正确的！

从浅层来看，那些企业界著名的失败者首先是缺少现代经营理念，却寄希望于赌博式的成功。在中国新兴市场出现的时期，不少民营企业发迹多是抓住一两个拳头产品、看准一个市场空档，然后在市场营销上大做文章，一朝成名天下知。这种赌博式的成功渐渐成为企业家的一种思维定式，在决策时就带有极强的赌博性。

由于缺乏坚实的生产和市场基础，往往来得容易、去得更快。山东秦池酒厂和广东爱多 VCD 公司曾以每年数亿元人民币的广告费成为中央电视台的两届"标王"，影响极大，但庞大的广告费没有市场的支撑，最后都落得经营困难重重。"一朝赌可以，不能天天赌"，否则歧路当正途，只能"光着屁股创业，脱了裤子回家"。

牟其中当年以积压商品换回苏联的飞机，有其创天下之先的勇气。但也应该看到，苏联的解体帮助牟其中解决了国际贸易中的互信问题，否则这种"空手道"是玩不转的。这种偶然并不是必然，不能够成为经营的一贯理念。

从中层看，他们在起家之后，更留恋于孤芳自赏，无法正确地认识客观环境和成功之所在。由于体制转换时期出现了诸多灰色地带，也是权力与金钱交易的沃土。一夜之间成为新贵的企业家，财富积累得过于容易，外界的炒作都使得他们容易口无遮拦，自我极度膨胀。牟其中曾宣称要在 2005 年使南德集团进入世界十强，如今早已不见其踪影。

史玉柱在珠海建立了巨人大厦，施工中楼层相比初始设计不断增高，一定要刷新纪录，结果资金短缺，中途下马。其在保健品市场衰退之时仍推出了数十种保健品，号称要"让一亿人先聪明起来！"

牟其中、史玉柱等也都曾是"改革风云人物",但企业自身的漏洞、人才结构失调、决策缺乏科学依据等等却一直没有认真加以解决。

最后,从深层看,在中国走向完善成熟的经济制度过程之中,他们没有能够适时地转变自己,却试图继续游走在政策和制度的边缘,"打擦边球",想用老办法解决新问题,这样的人,行百里易,行万里难。

第一代创业时的民营企业家大多已近中老年,文化程度不高,成功后的优越环境和社会舆论、新闻媒体的吹捧炒作使得他们形成了独断专行的行事风格,极其个性化。排斥先进的管理观念和经营策略,他们更愿意相信通过自己的直觉和经验来决策公司事务。无论如何,这些民营企业家的创业历程为中国企业的发展和渐趋成熟的市场经济制度提供了有益的经验与教训,同时也是经济转型所必然要付出的代价。

战略规划需要科学的决策

一般来说,企业家的战略决策必然是建立在一个不完全信息集基础上的决策,即在现有已知信息条件下取得最优决策、最优成果。在信息集随着时空变化而变化的情况下,最优决策凸显出不连续、跳跃性位移,因而使得企业家原有的最优决策变得不是最佳,甚至可能是较劣决策。因此,在不完全信息状态下的企业家决策就不是要求经典经济学中的计算机化的最优决策程序下的结果,而是企业家在已有不完全信息情况下,在对未来情势变化作出个人估计判断基础上作出的最优决策,这种决策的前瞻性、科学性和正确性与企业家自身的异质型人力资本素质有着极大关联。

对于当代的专家型企业家来说,他们大多具有一个强大的自立基础——或许这个基础比经理型企业家所具有的创新资本基础更为坚实,这就是专业能力,即异质型人力资本型的信息资本,从而他们常常将自己视为正在出售他们的知识和技能的个体企业家。因此,具有较强技术发明决策能力的专家型企业家可以使企业抢占行业发展的技术制高点,在市场竞争中处于最有利的地位,避免宏观经济的变化给企业带来的困难与灾难,在政府的经济政策中寻找合理、合法的对策等。专家型企业家决策因此是现代企业尤其是信息企业生存的关键。

微软公司1995年曾经遭遇到巨大的危机,由于忽视了对国际互联网快速发展的紧迫感,微软在这一新的软件市场中相对于网景等公司明显处于下风。这一问题被发现后,盖茨带领微软公司立即实行战略性重组,巨额投资开发互联网软件,最终扭转劣势并占有了一定的市场份额。由此可见,拥有一个得力的专家型企业家能够使企业在信息革命中临危不惧,反败为胜。

(1)设立专家委员会

专家委员会,就是国际上流行的"独立董事",这些独立董事在公司中有着很高的地位和荣誉,但是没有利益分配关系。这个职位是很重要的,其独立于企业和决策者之外,能够客观地发表意见。

(2)明确首席企业家的决策职能

①为本企业建立一个可感知的目标,做到这一点首先是要有远见。韦尔奇在通用电气曾推行过四次重大的宣传活动,即:"一定要争当第一或第二""速度、简单化和自信""世界在我心中""六个总和"。他认为当上总裁,并非到了事业的顶峰,而仅仅是从山脚下向顶峰攀登。

②杰出的领导要善于争取和团结企业职工,使他们接受并相信你制定的发展规划只要稍一努力即可达到。拉尔森说:"一个人的力量只有那么大,领导水平的体现在于你在某种程度上能触动大家,使他们都能发挥出最大的能量。"盖茨、格罗夫和韦尔奇常常把公司的前景和做法告诉大家,从而把部下团结起来。

③创造条件,能最大限度地刺激起职工的积极性和创造精神。凯乐尔总是在宣传他为西南航空公司的策划:使飞行成为价格低廉、迅速和轻松

的旅行。西南航空能在20分钟内卸完货物，并给飞机加满油，而其他航空公司则需要一小时。这位总裁说："航空公司的设备是同等的，区别在于当飞机靠拢登机口时，我们的员工是跑上去迎接它的。"

④合理分配资金，这对经营者尤为重要。比如一家公司的投资回报为20%，把5%分给股东，另外15%作为再投资，这15%按复利计算，5年后这位总裁手里握有可安排的资本就大于他来公司时所有的资本了。如果一个优秀的项目包含在一种拙劣的战略中，那么它就丧失了原来所具有的优越性。作为一个项目，只要资源分配战略得当，其余的事也就能顺理成章地简单搞定了。

⑤杰出的总裁们总是扮演着裁减、补救、守业和再创业等一系列角色。对于事业，他们像对情人般热情、负责、执着。韦尔奇当GE总裁20年，从未显示出厌倦的神态，对于他的企业，他挂在嘴边的话是："我爱它，我爱它——我发誓，我真的爱它。"

（3）最重要的还是要知己知彼

在激烈的市场竞争中想要稳操胜券，需要对竞争对手的优势有清醒的认识，这叫知己知彼方能百战不殆。那些较强的竞争者一般是某个行业的主流领导者，他已经具有其他企业难以动摇的优势。

①品牌。品牌价值很高，它已经在市场中拥有了无形的声誉，被消费者普遍认可，拥有广泛的消费群体。

②股东和银行的支持。由于在以往的业务中股东和银行已经获取了很高的收益，他们会一如既往地支持企业实施的经营活动，维护强者的地位。

③规模经济。那些较强的竞争者一般具有较大的规模，企业的生产成本相对较低，它的市场份额很难被侵蚀掉。

④具有较强的控制供应方的能力。由于企业成立较早，与供应商结下了较好的合作伙伴关系，这种关系是竞争对手难以一时达到的，同时由于

企业的规模很大，众多供应商也受制于这个行业的领导者，因为行业领导者一般也是供应商固定的最大用户，如果失去这个最大的用户，供应商也会濒临破产。行业领导者通过威胁利诱或重新分配采购份额就可以达到控制供应商的目的，从而控制竞争者的供货渠道。比如1999年夏引发的长虹收购市场上80%彩管的事件，就是长虹有能力控制供应商的表现。

⑤有较强的控制销售渠道的能力。那些较强的竞争者一般都具有广泛的销售网络和众多的代理商，假如对代理商或零售商让利，停止供货或不能及时到货、重新分配货物供应，也可以间接地控制代理商或零售商。代理商和零售商自然不会冒险去销售一种新产品，对他们来说重要的是获得实实在在的利益。

竞争者由于拥有众多优势，他便拥有对挑战者实施持久的、致命的杀伤力，对一般的进入者具有很强的威慑作用。原长虹总裁倪润峰说："我只要一用我所拥有的手段，其他的彩电企业可以说很难与我抗衡。"他所说的手段是长虹因规模经济而形成的价格优势。

那些较强的竞争者或者叫作产业领导者，尽管实力强大，但也并不是不可战胜，只要通过遵循一定的原则和战略，仍然可以获得胜利，因为每个企业都有其自身的优势条件。国外成功的例子是耐克在运动鞋上取代了阿迪达斯。20世纪70年代初阿迪达斯在运动鞋制造上占据绝对统治地位，但由于它低估了美国市场和竞争者对市场的介入与攻击，耐克公司后来的快速扩张最终抢占了前者在美国市场的领先地位。

企业要正确认识自己所处的行业地位，作出正确的决策，采取相应的措施。如在PC产业中，联想在核心技术方面还不能与英特尔、IBM等巨头比拼，于是联想便采取"跟随"的策略，步步紧逼。逐步缩小差距，就是一种明智的战略决策。如果硬碰硬，必然会受到强有力的报复，并导致血本无归。

美国约翰逊制造公司由于非常成功地运用了这一策略，通过迂回进攻，最终成为了行业的领导者。约翰逊制造公司开始模仿生产美国最大的黑人化妆品生产企业——富勒公司的部分产品，但销量不好，后来他们研究开发出了一种可以改善黑人皮肤质感的水粉护肤霜。这个公司分析了自己与富勒公司的实力，硬碰硬自己容易必然失败，最后想出了"烘云托月"的销售方法，他们不再炫耀自己的产品，而是在宣传富勒公司产品的同时顺便介绍自己的产品。由于他们表面上吹捧富勒公司产品，自己甘居从属地位，所以并没有引起对方的戒心，凡是买富勒产品的人同时可以半价买一盒约翰逊制造公司生产的产品。过了不长的时间，约翰逊制造公司与富勒公司的知名度达到了同等程度，并最后逐渐超越了富勒公司。

即使是一些非常著名的跨国公司在向新的产业扩展时，同样会遇到强有力对手的反抗，最后以失败告终。可口可乐公司曾经试图进入甜酒行业，按照可口可乐公司的实力应该没有什么问题。但结果出人意料，它遇到了甜酒行业大公司的强有力抵抗，使可口可乐公司被迫退出了甜酒行业。IBM公司曾试图进军中型和大型复印机，但由于缺乏特色和没有成本优势，并且受到施乐和柯达公司的强有力抵抗，并未取得理想效果。

在中国的一些企业，同样的问题也存在，然而并未引起企业家的重视。例如，一些彩电企业的事业做得还算不错，并且是中国的彩电大户，但是它们却开始进军电脑行业。开始时它们做得也不错，但日后同样要面临其他电脑企业的冲击，将来是否立得住脚还很难下定论。

战略定位要恰当

从一定意义上说，现代企业之间的竞争是企业战略定位的竞争。

亨德森一生的时间都用于观察、分析和拟定公司的竞争策略上，他曾经在李蓝电气公司工作过。李蓝电气公司是制造油泵马达的小公司，它制造的油泵比美国任何一家公司都多。

为什么一家仅有数百名员工的小公司，所制造和销售的油泵马达要比"通用"和"西屋"这种公司价格低很多，却依然还有利可图呢？"因为所销售的是'有所差异'的马达"，亨德森研究之后说。

或许这种差异对很多人来说并不重要，但对购入和装配这种马达的油泵制造商来说，这种差异就非同小可了。油泵马达必须要能防止爆裂。大多数制造商对自己采用的马达都有特殊设计：轴柄稍有不同，或是装马达的方法稍有不同，或是气孔的规范稍有不同。由于李蓝公司主要的生意就是制造这种"有所差异"的马达，因此它必须按照产品的特殊目的重新设计成适用的马达。西屋电气公司也制造油泵马达，但它主要的生意是一种标准化、轻便型的一般用途马达，因此该公司把这种马达装上铸铁罩之后，就把它当作防爆式油泵马达，而这具铸铁罩的制造成本却不低。"西屋"的成本当中包括标准型马达、铁罩成本，以及装上铁罩的成本。"西屋"必须在生产线上制造这种产品，结果使原来的高速生产流程受阻。而"李蓝"制造这种马达的成本只有"西屋"的1/2。由于成本和售价是产品本质当中的主要部分，因此亨德森作出的结论认为：李蓝公司真正在销售的是一种与西屋公司"有所差异的产品"，虽然两者似乎并无不同。"李蓝"的马达不但比较便宜，而且更适合特殊目的使用。

小小的李蓝公司能够抗衡强大的西屋公司的原因是寻到了自己的产品位置。正如亨德森所指出的，同样产品的成本结构常常会大不相同：这是因为费用分摊、行销成本，或是产品设计的不同而产生的。这种成本的差异叫人难以相信，而每一家成功的公司也都会表示："我们的成本结构很好，因为我们的管理比较好，因此我们能赚钱。"然而，它们的成本能比竞争者低，真正的原因在于它们做生意的方法上有所差异，这种差异也就会在成本上反映出来。

亨德森的说法是："对于每一位竞争者来说，它的位置就是它在顾客和服务上享有相对于竞争者的竞争优势。"

小小的李蓝公司能够在竞争对手如林的夹缝中成长，主要得益于它成功的战略定位。当各个企业面对的是同样的市场环境时，如何节约成本、打造核心竞争力就是管理者应当考虑的了。这其中就涉及到一个战略定位的问题。李蓝公司制造了"有所差异"的马达，这正是其经营战略成功定位的关键之所在。这样的马达的生产成本要大大低于它的竞争对手"西屋"公司，所以产品自然会取得成功。

发挥自身优势，走专业化发展战略

市场经济的发展特点之一是越来越专业化的竞争，国际上的许多优秀大企业都是上百年专注于一个领域，把工作做足、做细，而不是到处插手，盲目多元化。

正是导入了专业化的发展战略才成就了诺基亚辉煌的移动通信终端市场霸主地位。

在奥利拉1992年担任诺基亚董事长之前，诺基亚的产品线很长，除了移动通信产品以外还生产电视机、电脑、电线甚至胶鞋。奥利拉认为，一个公司的产品过于复杂不利于公司的发展。他这样说："如果你要在世界范围站住脚，就必须在你从事的领域内挤进前三名。只有这样，你才有可能取得赢利性增长。而一个企业不可能在方方面面都领先，因此，你必须学会专注。"

专业化的最大困难仍是舍弃，特别是舍弃那些还能盈利的项目。1991年，当诺基亚决定专注于移动通信领域的时候，这个领域并不赚钱，甚至公司曾考虑过是否取消这个业务。但当公司决定以此为今后发展的方向后，为了专注于这个眼前并不赚钱的主业，诺基亚先后卖掉了电线、电脑、电视机等盈利的产品项目，其中在电视机项目上诺基亚当时已经做到了欧洲第二的规模。

握起拳头、突破一点的专业化发展战略今天看来是成功的。诺基亚与摩托罗拉、爱立信相比，实力并不占优势，而诺基亚能后来居上，短短6年就在手机生产上超过两个竞争对手，很重要的一点就是，诺基亚的战线相对较短，走专业化发展道路。其中在专业化道路上，还有不容忽视之处就是它的"归核化战略"。

所谓"归核化战略"，即为突出公司竞争优势的战略。"归核化战略"的要义有三：一是把企业经营的业务归集到最具竞争优势的行业之上；二是把本企业经营与开发的重点放在核心行业价值链之上的最具优势的环节上；三是强调企业核心能力的培育、维护和发展。诺基亚"归核化战略"的具体内容包括：

第一，改革诺基亚所经营的业务结构，缩小经营范围，放弃非核心业务，专注电信业务，以突出公司专长，发挥自身拥有的优势。

第二，把移动电话进一步确定为诺基亚的支柱产业，并确保诺基亚在该领域进入世界前三名，以确保其取得赢利性增长。

第三，把寻求与确立新的增长点作为培育企业文化的核心内容，并使之成为诺基亚公司发展的动力和职工文化意识，以确保诺基亚长盛不衰。

1992年诺基亚新任总裁约玛·奥利拉一上任就抓住时机，集中90%的资金和人力加强移动通讯器材和多媒体技术的研究和开发。正如奥利拉所预料的那样，世界移动电话的需求量很快就进入了高速增长时期。当数字电话标准在欧洲开始流行时，诺基亚早已准备就绪，凭借充满灵感的设计和不断地推陈出新，迅速从强大的竞争对手中夺取了自己的市场份额，实现了巨大飞跃，并在1998年成为世界移动电话最大的生产商。同时在专业化发展战略目标的指导下，诺基亚近几年来的增长速度一直保持在50%左右，并进入了世界十大上市公司之列。

一位哲人说过："与其花许多时间和精力去凿许多浅井，不如花同样的时间和精力去凿一口深井。"对某项事务的专注，更多的是一种锲而不舍、全神贯注的精神。在这一点上，诺基亚公司可谓是做到了极致。为使自己在移动领域做到最强，诺基亚相继砍掉了与主业不相干的产品，甚至是依然赚钱的产品。专业化的关键就是舍弃，这不仅要有魄力，而且还要有定力。

舍得是一种大智慧，放弃你不擅长或者与主业无关的边缘产业，专注于你在优势产业的竞争力吧。舍得之间成就天下，做大做强就这么简单。

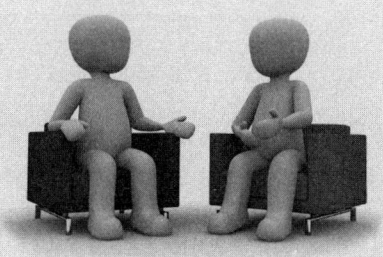

● 第 07 章 ●

组织文化管理：企业文化是最根本的竞争力

企业文化与企业战略

企业文化与企业战略之间的关系是先有战略后有文化。2003年有40多万人参观海尔,想要海尔企业文化和企业战略方面的全套资料。这其实没有必要。每个企业都有自己的战略目标,战略的不同,其需要的企业文化也不一样。所谓企业战略,第一是定位,第二是差异化。

定位是什么,对于一个国际化的企业,比如做一个小螺丝钉也要做到最专业化。每个企业都应该有自己的定位,如果企业的定位不清晰,就犹如一个人,方向没有定下来,位置没有定好,就不知道该怎样。同样的道理,如果有了战略,非常明确,就会明白下一步该怎么去做了。但是如果只有战略而没有企业文化,那么这个战略也不可能落实。有战略没有企业文化的企业,就好比是无源之水、无本之木。所以,企业战略与企业文化两者之间相辅相成,非常重要。

海尔公司在各个阶段有着不同的定位。1998年的定位是国际化企业,成为一个世界名牌。从某种意义上说就是企业内部一定要有非常优秀的企业文化,在外部市场一定要成为世界名牌。就是说为了这个世界名牌而建立一个满足世界名牌要求的企业文化和一支队伍。其实要国际化,首先是人的国际化。没有人的国际化,人的素质就不会有提高,也是没有品牌的国际化。优秀的企业文化支持企业战略的实施,优秀的企业战略也必须有优秀的企业文化来支持。没有优秀的企业文化,企业的这个战略也不可能落实。

成熟的企业文化,意味着每一个人每天都在不断地战胜自己,每天都在挑战自我。这个企业文化是正常的。因为不管怎么做,企业文化不是做给别人看的,也不是做出来多么好看的一个形式的东西,而是对准一个目标,而在明确这个目标之后,每个人该怎样努力达到这个目标显得很关

第 07 章
组织文化管理：企业文化是最根本的竞争力

键。因为企业大的目标，分解到每个人身上，分解到每一天，这就是要达到的，这非常重要。但是要把目标分解到位是非常困难的，要求你怎么去战胜它、达到它，而没有创新就没办法解决。

如果一个企业，它什么都做得很好，什么都不用做了，那么它就没有目标了，就像一个人一样，没有目标就没有灵魂，企业文化就是企业的灵魂。如果企业没有企业文化就会像没有方向的汽车一样，在马路上乱跑乱闯，或者说有了目标没有企业文化的支撑也不可能持久。创业初期，企业首先得有一个很明确的目标，不管是多少人，首先需要清楚企业的目标是什么、企业的定位是什么。所有人都要达成共识，向着目标去努力，共同向一个方向发展，形成一个合力，企业文化可以把每个人的力量拧成一股绳。如果把企业文化当成一个装饰性的东西、形式主义的东西，那样是形不成真正的企业文化的，与真正的企业文化离得很远。

企业文化随着企业的发展需要不断地变化、调整、更新。与企业的发展目标紧密联系在一起的，或者说一个大的战略目标，分解成能够完成的目标，应该天天提高。

海尔的工作方式是：日事日毕、日清日高。就是说今天完成的事情应该超过昨天，明天的目标就比今天高；目标不断在提高，所以你的企业文化水平也必须一起提高。海尔创业从一开始就非常注重企业文化，当时就要求每个人都要为目标而奋斗。只有目标大家都理解、认同了，大家才能拧成一股绳。

一个企业，现在的战略完成需要靠企业文化，今后的持续发展还要靠企业文化。企业文化应该成为员工创新的一个基因，只要有了这个基因，不管外界发生什么变化都会主动去应对，而不是被动应付。如果从效果来看，那些百年老店的企业文化是优秀的企业文化。企业文化是无形的东西，但有形的东西都是由无形的东西决定的，就像老子的"一生二，二生三，三生万物"一样，如果没有无形的东西就不会有有形的东西存在。有些企业有形的东西很多，很热闹，但是没有无形的东西作为支撑，其很快就会垮掉。

建设优秀企业文化的关键

企业文化的概念这两年没有前几年那么火了，但企业经营者却更加认识到它的价值，正如倒满一杯啤酒，发现上面有许多泡沫，真正的啤酒却在泡沫的下面。今天，当企业文化的光环越来越不那么耀眼的时候，企业家们却发现，一种优秀的企业文化对企业的经营是多么重要。到了该认真喝啤酒的时候了。

仔细研究一下那些令人尊敬的企业，联想、TCL、GE、宝洁……虽然它们处于不同的行业、具有不同的经营特点，企业规模和历史也很不同，但它们的企业文化却有很多相似的部分，比如强调以人为本、强调沟通与合作、强调创新、重视顾客需求，努力提高产品与服务质量等。而那些失败的企业，根本的问题还是出在它们的企业文化上，首先是在理念上就输给了那些优秀的企业。

中国缺少的并不是先进的文化理念和优秀的人才，缺乏的是正确理解企业文化，并将其转化为企业的管理制度和员工的日常工作，并全力推行的管理者。

其实，建设优秀的企业文化并不难，关键是要找到行之有效的方法。

（1）提炼企业经营理念并加以宣讲

①行业特点分析。企业文化要与行业特性和企业的经营特点相一致，别人的企业文化未必适合你的企业。

②广泛征求意见。企业文化并非只是高层的一己之见，要得到大家的认同首先得征求大家的意见。很多人把企业文化当作是总经理文化、高层文化，这是不对的，企业文化首先应该是企业大多数员工都认同的文化。

为了做到这一点,企业高层管理者应当创造各种机会让全体员工参与进来,共同探讨公司的文化。不妨先由高层制造危机感,让大家产生文化变革的需求和动机,然后在各个层面征求意见,取得对原有文化糟粕和优势的认知,最后采取扬弃的办法,保留原有企业文化的精华部分,并广泛进行宣扬,让全体员工都知道公司的企业文化是怎样产生的。

③提炼核心理念。在一次有关企业文化的研讨会上,主持人首先问企业老总的一句话就是:"您能用一句话或者一个词来概括公司的文化吗?"很多企业的老总都要思考半天,其实如果不是在第一秒就回答,这时答案已经不重要了,说明这个企业的文化并不明晰,连老总都不能马上说出来,更何况基层的员工呢!因此,企业必须要首先树立自己的核心价值观念,而且要成为企业员工都认知和认同的理念,同时在做品牌推广时要让客户和顾客也认同企业的这种价值观念。比如海尔,"真诚到永远"已经由最初的产品和品牌的理念上升为一个企业的理念,成为海尔企业文化的核心。

④扩展为理念体系。企业应该有一个核心的价值理念,但基于这样的理念还必须拓展为企业各个层面的管理思想和方法,这样才能使企业文化理念体系完整起来。在海尔,围绕它的核心理念形成了完整的理念体系:人才理念——海尔赛马不相马;质量理念——有缺陷的产品就是废品;兼并理念——吃休克鱼;研发理念——用户的难题就是我们的难题。在这些理念背后,又有相应的办法和制度作为支撑,使得整个理念体系变得生动而有效。

⑤沟通渠道建设。企业理念要得到员工的认同,必须在企业的各个沟通渠道进行宣传和阐释,企业内刊、板报、宣传栏、各种会议、研讨会、局域网都应该成为企业文化宣传的工具,要让员工深刻理解公司的文化是什么、怎样做才符合公司的文化。同时,企业高层在接受媒体采访时应有意识地宣扬企业的文化,让顾客和客户认知本公司的文化,只有产生了对企业文化的认同才能成为公司的忠诚客户。

（2）转化为相应的制度

①把制度落到纸面上。不少企业的企业文化建设只停留在理念宣传的阶段，不能深入进行，一方面在于领导者缺乏系统建设企业文化的决心和勇气，另外一方面就是对企业文化建设有误解，认为企业文化是以理念为主的，如果把它变成制度就会削弱企业文化的凝聚作用。其实并非如此，优秀的文化要落到纸面，让大家有法可依、有章可循。尤其对于人力资源制度，包括招聘、培训、考核、薪酬、任免、奖惩等，都应当深刻体现出公司的企业文化。著名的惠普公司，它的文化非常强调对人才的培养，因此它制定了完善的培训制度，员工从入职开始就一步步地接受各种有针对性的培训。另外，作为制度的一部分，惠普把培训也列为每个经理人的职责，其90%的培训课程是由经理们上的。在惠普公司的理念中，认为这是投入产出比最高的投资。惠普公司之所以能成为行业内的楷模，就在于不仅树立了一种优秀的"以人为本"的文化，更把这种文化生根发芽，制定了科学的制度来落实这些优秀的理念。

②存在的就是合理的吗？不少企业重新树立了自己的文化，但是如何修改公司现有的各项制度，使其与公司的文化相融合则是个难点。企业多年形成的制度有很多历史的、现实的和人为的原因，在进行战略调整、文化重塑和组织变革后，很多制度已经根本不适应企业的发展了，比如很多企业的薪酬政策很明显地有忽视绩效考核、因人而异、级差过小的现象，但是企业同时担心如果实行了市场化的薪酬制度后会激发员工的矛盾，引发企业的不稳定，因此陷入到取舍的两难之中。在企业中有不少领导者最初是变革的积极推动者，可一旦这种变革有损于自己的利益时他马上就会成为反对力量。所以在进行企业文化建设时，企业领导者必须先问问自己，下定决心了吗？自己会首先遵守相应的规章制度吗？

（3）理念故事化，故事理念化，并进行宣传

①理念故事化。优秀的企业文化并不是只让企业的中高层管理者认

同，而是让所有的员工，甚至是临时的员工都认同你，这才叫卓越的企业文化。企业在导入新的企业文化时，首先应该根据自己提炼的理念体系找出企业内部现在或者过去相应的先进人物、事迹进行宣传与表扬，并从企业文化的角度进行重新阐释。海尔总裁张瑞敏"砸冰箱"的故事耳熟能详，其是理念故事化的典范。

②故事理念化。在企业文化的长期建设中，先进人物的评选及宣传要以理念为核心，注重从理念方面对先进的人物和事迹进行提炼，对符合企业文化的人物及事迹进行宣传报道。在一家合资公司的企业文化建设中，负责人按照企业文化的要求进行先进人物的评选，并在公司内部和相关媒体进行广泛宣传，让全体员工都知道为什么他们是先进、他们做的哪些事是符合公司的企业文化的，这样的榜样为其他员工树立了一面旗帜，同时也使企业文化的推广变得具体而生动。

（4）跨越沟通，让你离员工更近

①称呼的艺术。企业文化要大处着眼、小处着手。不要以为企业文化有多高深，作为高层管理者，只要你在日常工作中稍加注意，一样能塑造出浓浓的企业文化氛围来。在惠普，员工即使对董事长，都是直呼其名。同样的，在联想集团，从总经理到基层员工，大家都提倡直呼其名。通过这样的称呼，可以拉近员工之间的心理距离，从而提升员工之间的凝聚力。如果你是一位老板，明天见到你的一位下属，试着叫他的名字，看看效果如何。

②定期走访。高层管理者是企业文化的"设计师"和"牧师"，既是建设者，也是传播者。不要离你的员工太远，抽出时间到你"大厦"的建筑现场看看那些辛勤工作的"工人"们，慰问一下他们，并适时地传播你的文化。这样做非常有效。通用电气在自己的价值观里便明确提出了"痛恨官僚主义"，提倡管理人员深入基层，进行调查走访。通用前总裁韦尔奇经常会找一些中层和基层主管进行沟通，他的一句名言就是"沟通、沟

通、再沟通"。

③定期接见。不管是大型的公司还是小型的企业，作为高层管理人员，定期（每月或者每季）安排一个固定的时间，单独会见一下那些来自于公司基层的员工，可以是表现突出的员工，也可以是问题员工，倾听他们的意见和建议，不仅会使你更具亲和力，而且会使组织减少官僚作风、保持沟通的顺畅，让你更多地了解基层的真实情况。

（5）以身作则，最为关键

①企业高层的角色。作为企业文化的建筑师，高层管理人员承担着企业文化建设最重要也最直接的工作。把自己塑造成企业文化的楷模，是企业文化建设的关键。一些企业高层管理者总感觉企业文化是为了激励和约束员工，其实更应该激励和约束的恰恰是那些企业文化的塑造者，他们的一言一行都对企业文化的形成与推广起着至关重要的作用。而很多时候，企业的高层领导往往是各种理念、制度的直接破坏者，他们负面的言行对企业文化的破坏作用更大。

②从点滴做起。很多企业在进行企业文化塑造时喜欢大张旗鼓地开展一些活动、培训和研讨，其实企业文化的精髓更集中在企业日常管理的点点滴滴上。作为企业管理者，不管是高层还是中层，都应该从自己的工作出发，首先改变自己的观念和作风，从小事做起，从身边做起。

在思科广泛流传着这样一个故事：一位思科总部的员工看到他们的总裁钱珀斯先生，大老远地从街对面小跑着过来。这位员工后来才知道，原来钱珀斯先生看到公司门口的停车位已满，就把车停到街对面，但又有几位重要的客人在等着他，所以他只好几乎是小跑着到公司的。因为在思科，最好的停车位是留给员工的，管理人员哪怕是全球总裁也不享有特权。再比如 GE 公司，它有一个价值观的卡片，要求每个人都必须随身携带，就连总裁也会随时拿出这个卡片对员工进行宣传，对顾客进行讲解。试想，我们国内的许多公司高层管理者，你有这些世界一流公司总裁的理念和作风吗？

建设优秀的企业文化办法有很多，但根本的还在于企业管理者尤其是高层管理者有没有决心和勇气先把自己塑造为企业文化的典范，能不能首先自己认同并传播公司的文化，这是决定企业文化成败的关键。

企业文化与员工创新精神

企业文化应该能够把创新的基因植入到员工当中去，才是真正能够让企业长盛不衰的企业文化。所有百年企业之所以存在的原因就在于其创新的精神是长盛不衰的，非常重要的一条是企业文化像基因一样植入到了企业当中。海尔的白色家电做得就很好。根据欧洲统计记录显示，排名在前面的都是非常大的跨国公司，海尔和它们之间有着非常大的差距，这不仅仅是差在企业历史的一百年，而是一百年后它们仍然在成长，仍然有竞争力。海尔和它们在管理、人才、资金上都有很大的差距，也不是短期内可以解决的差距。如果按它们同样的方法去做，大概再过一百年也赶不上，所以要靠创新来追，只有每个员工都来创新才能赶上去。

实际上在企业里，被管理者需要管理者给予的东西很简单——公平。再简单一些就是员工干得好，管理者应该能看得到；员工干得不好，管理者应该提出来。如果干得好、干得不好都没有人提出来，那么就会向着干得不好的方向发展。在企业里最可怕的是每个人对企业的发展都漠不关心；最重要的是每个人都跟自觉创新，每个人都贡献出自己的力量。如果员工有对工作干坏了也无所谓的思想，那么这个企业是没有希望的，而每个人的创新是最重要的。

把企业文化像基因一样注入到企业之中，最具体的是让每个员工都能感受到市场压力，由市场来评判，所有都是听市场的，市场直接就给你评判了。现在麻烦最大的是企业的领导者感到市场的压力非常大，而员工却并没有感受到压力。企业文化不应该是孤立的，如果把市场压力穿透到每个员工身上去，每个员工一定会想办法来解决这个压力，这就需要创新，而这个创新就是企业文化最需要的。如果每个人都来动脑子，每个人都来创新，这对企业来说是一笔非常大的财富。企业要从组织结构上使每个人与市场都联系起来，每次创新都要想到用户的需求是什么，与用户的需求结合起来。如果能够满足用户的需求，那么这种创新就是有价值的，人人与市场结合起来，这个创新就不是空洞的，是非常具体的。员工们就会想，今天的创新是什么，是不是用户的需求？所以得动脑子想一想，而不是被动地"企业让我干什么我就干什么"了。

为此，从1998年起海尔又推进了一步，就是对市场链的流程再造，即整个企业的管理组织完全打破。追溯到亚当·斯密的《国富论》的第一篇就是论分工，从劳动分工开始到现在整个的企业组织都是金字塔形的，一层一层的。海尔从1998年开始实行完全扁平化管理模式，每个人都要面向市场。这种方式已作为瑞士洛桑管理学院的管理案例地编入MBA教案，现在成为了欧盟的管理案例。原因不在于海尔成功了，而在于是对原来的管理体制的挑战。原来企业里的关系，同事间都是上下级的关系，员工被要求接受直接领导。而扁平化的管理，企业员工每个人之间不仅是同事的关系更是市场的关系。其实每个人都想要体现自身的价值，这样做是在为用户市场提供价值的同时让员工实现自身的价值。

比如在海尔，原来的开发人员现在叫型号经理，就是原来是上级要求你开发这种产品，定下来之后设计生产，有没有销量与开发人员无关。而现在是你来寻求市场，你可以给出你的提案，确定后生产。生产了并不表明你就完成了任务，而是根据市场的销量来确定利润，你根据利润来提成。也就是说你不但是与一个新产品挂在一起了，而是与市场挂在一起了。其实从本质上来讲，用户需要的绝不仅仅是产品本身，他需要的是一个问题的解决方案。如果解决方案可以提供给他非常满意的东西，他会给你带来客源，你就获得了市场、获得了利润。有的产品叫好不叫座，就没有市场，也就没有利润、没有收入。

如果每个人与市场不结合在一起，在今天这个信息化时代、经济全球一体化时代，这个企业就没法生存。因为原来金字塔形的管理方式已不再适合了，原来的信息是不对称的，而在信息化的时代，互联网的开通，你所知道的信息，别人也都能知道，所有的信息都是对称的，只有速度制胜才能占领市场。谁能最快满足用户的需求谁就抓住了市场。所以，把创新的基因渗入到每个员工当中去，不是口头上的形式，而是通过市场的力量来达到的。每个员工每时每刻都与市场结合在一起，离开了市场就没有生存的余地。国外的企业文化概念，前提是企业中的每个人都是利益最大化的经济主体，可能在中国许多人很难接受，其实就是把自身利益与市场利益结合在一起。

《国富论》归根结底的观点是市场经济，就是找到市场这只无形的手，也就是说每个人都从利己的目的出发，达到利他的效果。只有调动起了每个人的积极性，每个人都在创新，企业才能在激烈的竞争之中处变不惊。

组织的目的只有一个，那就是使平常的人能够做出不平凡的事。要让每个人直接面对市场，也就是每一个人都像老板一样，都像经营者，自己来经营他自己，来发挥他最大的创造力。

企业文化要不断创新

在经济全球化的背景下，企业文化的内涵和文化管理模式都不同于原来仅限于国内市场低层次的竞争。因为，形塑企业文化的参照框架发生了变化，企业文化内涵和机制的创新就势在必然。

企业文化的创新首先是文化理念的创新，这意味着企业文化不仅仅是传统文化与企业管理的结合，更重要的是要形塑一种适应经济全球化趋势的企业文化、有利于提高企业国际竞争力的文化和有利于推动企业不断创新的文化。企业文化理念的创新有三种形式，一种是从道德的角度，强调企业的社会责任，如西门子、宝洁、BP石油等；另一种是基于对知识价值的认识，如广发证券提出的"知识图强、求实奉献"，旨在建立一种学习型企业，适应知识经济时代的要求；还有一种是基于对人性的认识，旨在建立一种关心人、尊重人、激励人的文化，如IBM的企业文化。企业文化理念的提出实际上是建立在企业经营者对人性的基本假设和对企业与社会关系的认识、对知识价值认识的基础之上的。对企业基本假设认识的角度不同、认识的清晰程度不同，由此得出的企业文化理念也就会有很大差异，这种差异既有文化方面的差异，也有认识程度的差异。但是，最基础的仍然是一种价值判断和价值选择的差异，也就是企业文化的核心价值观。

企业文化理念的创新，一是要把握住经济社会发展的新趋势，使企业文化的变革与社会文化的变革同步，使企业文化理念能够适应全球化时代和知识经济时代发展的要求，使企业文化理念体现出社会发展的理想和人类文明的进步，既要体现与管理实践相结合的科学理性精神，又要体现出以人为本的人文关怀。二是在突出本土文化的同时要注重兼顾多元文化的融合，因为，经济全球化本身是一个多种文化冲突的过程，但是更多的是多元文化融合的过程，是各种文化相互渗透、相互影响的过程，不是单一文化的单向影响，它体现了人类文明又一次新的革命。如果企业文化只强调本土文化的个性化特征而不考虑多元文化的普遍性特征，那么就势必降低了企业文化本身的文化适应性和创新能力。三是要使企业文化理念成为企业不断创新的动力和源泉，树立一种开放的观念，不断推出新思维、新观念，营造一种宽松的环境，使企业员工的个性得到有益的发展，使员工的创造性得以充分发挥，由此提高整个企业的创新能力。实际上，企业文化创新的核心就在于企业文化理念的创新，就在于企业经营思想和观念的创新。

在经济全球化背景下企业文化创新的第二个方面是企业管理模式的创新。文化管理是一种新的管理模式，它不同于以往以生产过程和质量为核心的管理模式，它更加强调生产过程与管理过程中人的因素。企业文化管理模式的作用机制是通过向员工灌输企业核心价值观，形成一种文化氛围，塑造一个形象标志，从价值层面、制度层面和行为规范层面对全体员工的价值观、精神、心理及行为进行全面的整合。它不同于单纯条条框框的制度化管理或空泛的思想教育，也不同于单纯的利益激励。因为，它是通过一些生动形象的方式，如企业领导创业故事的传说、企业领导工作作风的示范、企业的文化氛围来传承一种文化传统，在这个过程中让员工直接感受并理解这些文化传统的意义，最后在不知不觉的过程中将企业文化的核心理念同化到自己的价值观中去，按照企业所倡导的行为规范形成一种习惯性的思维方式和行为方式。

这就是员工从不了解企业文化到自觉认同企业文化的过程。在这个过程中，作为企业员工，始终是一个主体的人、主动的人、受尊重的人，这就是企业文化以人为本的真正内涵，也是企业文化能够对企业长期绩效和长期发展产生深刻影响的根本原因。所以，文化管理模式就可以达到制度化管理所无法覆盖的层面和难以达到的效果。

企业文化创新的第三个方面是企业文化个性方面的创新。文化管理模式的创新不仅仅是一种形式的创新，更重要的是内涵的创新和过程的创新。因为，企业文化的形式基本上是标准化的，各个企业的企业文化真正不同的是企业文化的内涵和表现方式的不同。一个企业根据自己的核心价值与发展历程选择不同的文化理念，不同的管理文化、经营文化、品牌文化和行为规范，并且以不同的方式表现出来，由此就构成了企业文化的个性特征。

中国企业文化建设过程中所走入的最大误区就是趋同化和形式化，而缺乏个性化。这是由于很多企业将企业文化的塑造直接等同于CIS设计，往往是请广告公司进入企业直接操作，缺少对该企业的企业文化发展内在逻辑的认真梳理，无法找到真正属于企业文化个性的东西。所以，很多企业文化的塑造并没有表现出企业真正的个性。优秀的企业文化往往是个性鲜明的，因为它已经根植于一个企业发展的内在过程，根植于企业文化形成的内在逻辑，表现在每一个企业员工的工作作风和行为方式中，体现在企业的整体形象中，并且能够引领潮流。

个性化的企业文化包含一种独特的理念、特殊的经营方式，可以形成一种特殊的气氛，使企业员工在其中可以感受和理解企业文化的真正内涵，可以形塑一种与众不同的气质，使企业在公众的心目中树立一种鲜明的形象。个性化的企业文化是一个企业的精神支柱和企业的灵魂，它只能来自于企业自身独特的发展历程、来自于企业自身的价值选择，它不可能模仿或照搬别人的模式，也不可能仅仅靠外部形象来装扮。如果它不是来自于企业内部的，那么这种企业文化就没有生命力，也不会对企业的长期发展产生影响。所以，有人说，一个企业的企业文化是别人学不会也拿不走的，它是一个企业的灵魂和精神支柱。

在经济全球化背景下企业文化的创新就是要对原有企业文化的理念、核心价值观、管理模式和企业文化的表现方式赋予新的创意，使之成为推动企业适应经济全球化趋势的动力源泉，使之成为企业核心竞争力的重要支撑。企业文化是随着企业的发展而形成的，它也应该随着企业的发展而不断创新。因为，企业在发展的不同阶段，其面临的适应性环境、经营策略都不相同，那么，与之相应的企业文化也应该进行不断的变革。

不进行创新的企业文化不仅是没有生命力的，而且会成为企业进一步发展的障碍。许多企业失败的教训就在于其企业文化的创新没有跟上企业发展的进程，最终导致企业发展的停滞和衰退。因此，企业文化的创新对于企业在适应经济全球化的过程中提高核心竞争力、提升企业的整体素质具有深远的战略意义，也是中国企业在国内市场上与跨国公司同台竞争和中国企业走向全球市场的关键因素。

企业家是企业文化的最高缔造者

优秀的企业家事实上是优秀的企业文化的最高缔造者。一个企业通常会展现出企业家的许多性格，不论是成功还是失败。横霸天下的微软公司、人事通达的长江实业集团、由盛而衰的三株集团等等，都从不同的方面证明着这一事实。

我们常常说企业之间或国家之间的竞争实质上是人才和文化的竞争，并不仅仅是产品、劳务与科技的竞争。

竞争的具体组织者、实施者就是企业人，或者可以说是企业家，而企业经济实力的背后有一种文化力在支撑着。成功的企业首先必然有优秀的企业家，有优秀的企业家必然有优秀的企业文化。如果德国没有卡尔·戴姆勒、海因茨·卡斯克等许多出众的企业家，也就不会有誉满全球的大众、奔驰等企业。在世界第一经济大国美国，正是因为有比尔·盖茨、唐纳得·彼得杰、劳伦斯·罗姆、阿伦·默里、杰克·韦尔奇……才会有今天的繁荣。从一个个成功的企业家身上我们发现，他们不仅仅创造了经济奇迹或物质财富，而且更重要的是他们也创造了无比宝贵的精神财富，即各具特色的企业文化。因而，企业家不仅是一种经济现象，也是一种文化现象。

日本著名学者名和太郎在他的著作《经济和文化》一书中这样讲述这种文化现象："作为一种经济现象，企业家是工业社会的产物；作为一种文化现象，他们是现代文化社会中一个特殊的阶层，拥有自己独特的价值理念、思维模式和行为特点。"

《企业文化与领导》的作者美国学者埃德加·H. 沙因认为优秀的企业

家与优秀的企业文化是高度统一的，其主要表现在如下几个方面。

（1）卓越的企业家和卓越的企业文化具有内在统一性

卓越的企业文化是企业家德才水平、创造精神、事业心和责任感的综合体。因为优秀的企业文化不是自发产生的，而是企业家在企业长期的实践经验认识的自觉活动中产生的。企业家深知肩负塑造企业文化责任的重大，在企业文化建设中，企业家从本企业的特点出发，以自己的企业哲学、理想、价值观、伦理观及风格融合成企业的宗旨和企业的价值观，逐渐被广大职工所认同、遵守、发展与完善。

（2）卓越的企业家以自己的新思想、新观念、新思维、新的价值取向来倡导并培植卓越的企业文化

卓越的企业文化具有时代特色，它是本国传统思想、伦理、价值观念的精华及时代精神融合而成的精神力量，是先进的、科学的、有生命力的文化与现代企业的完美结合。卓越的企业家以自己高尚的人格力量塑造和培植养卓越的企业文化。

（3）企业家以个性化的经营管理风格来发展与完善个性化的卓越企业文化

一般地说，企业文化建设需要企业员工长期努力、不断进取。然而，企业家自身的经营管理风格对发展个性化的企业文化有着深刻的现实意义。卓越的企业文化都有不断进取、培养人才、创造一流产品、取得最佳经济效益等共性。追求卓越是一种永不满足的追求出类拔萃的进取精神。美国著名管理学家劳伦斯·米勒说，卓越并非是一种成就，而是一种精神。这一精神掌握了一个人或一个企业的生命和灵魂，它是一个永无休止的学习过程。这种精神注入企业文化就成为卓越的企业文化，这种精神被企业家所接受并以此为追求目标，他就成为了卓越的企业家。

由于企业家和企业文化之间这种特殊的关系，企业家无疑就是企业中最关键的核心人物。因此，把企业的成败归于企业家并不为过，正是在企

业家的正确引导下企业才逐渐发展壮大迈向成功的，而作为企业发展动力的企业精神也需要企业家去塑造和发扬。从一定意义上说，企业精神就是企业家精神。无论是早期的企业家还是当代的企业家，无论是我国的企业家还是国外的企业家，为了能够不断地激励自己和员工们去顽强拼搏，在经营管理实践中必然会形成各具特色的企业家精神。

有人认为，企业家精神便是从企业家身上所体现出来的某些特点。比如，冒险精神是企业家特有的一种精神素质。它是企业家在决策、用人等企业领导活动中所具有的为达到既定目的敢于承受风险的气魄和胆略。冒险精神是企业家精神不可缺少的组成部分。企业家在市场竞争中面临的变数非常多，不管对经营决策进行多么科学详细的预测、论证，风险性仍然存在，这是现代市场经济的特点。美国风险企业的成功率只有百分之十几，而失败率竟高达百分之八十以上。企业领导者只有把风险视为压力并转化为冒险精神，充分利用风险机制，才能成长为真正的企业家。

新闻集团的默多克就是一个十分具有冒险精神的企业家，新闻集团也随之在不断的冒险中扩张着。人们知道新闻集团是因为鲁珀特·默多克，因为他无休止地收购——他拥有美国40%的电视观众，拥有英国发行量最大的《太阳报》，拥有中国人颇为着迷的凤凰卫视的部分股权。他不但买了它们，还试图买下曼联和大连万达足球俱乐部。

默多克的并购行动最早开始于1955年，当时他刚刚接管父亲在澳大利亚阿德莱德的烂摊子产业不到3年。这位年轻的出版商立刻全身心地投入到报纸的日常工作中，写文章、定标题、设计版面、印刷排版，样样他都会亲自插手。他不管董事会其他成员或有关编辑的反对，坚持以自己的方式干下去。这一年，他将《星期日邮报》同最大的竞争对手《广告报》合并为《新闻报》，并且使其获得了极大成功。

在阿德莱德的成功使默多克增强了信心，他决心扩大影响。1956年他听说珀斯市的《星期日时报》经营不善、濒临倒闭，便决定兼并它。默多克每个星期五都会飞到珀斯市去视察那里的工作。他使《星期日时报》脱胎换骨，从标题制作到版面安排都有变化，向珀斯市居民展示出了大胆鲜明、色彩丰富的全新面貌。很快，该报发行量迅速增加，企业扭亏为盈。

年轻的默多克迈出了事业成功的第一步，他已经拥有了阿德莱德和珀斯两市的报业集团。接下来默多克准备进军悉尼，默多克挑战的目标是悉尼报业的三个强有力巨头——费尔法克斯、帕克和诺顿家族。他们控制着悉尼的报业市场，主要的报纸有费尔法克斯控制的《先驱早报》《太阳晚报》，帕克公司的《每日电讯报》《星期日电讯报》，以及诺顿控制的《镜报》。1964年，默多克在堪培拉创办了这块大陆上的第一份全国性日报《澳大利亚人报》。

随着在澳大利亚的成功，1968年，默多克把目光转向了英国。1968年秋，在《世界新闻报》这份英国创刊最早并广泛受到欢迎的报纸开始转手的时候，著名的报馆一条街——舰队街的大门向默多克敞开了。1969年1月，他第一次击败了后来传媒帝国扩张道路上的主要敌手麦克斯韦尔，并购《世界新闻报》成功。紧接着，默多克再次击败麦克斯韦尔，成了世界知名的《太阳报》的主人。自此之后，《太阳报》和《世界新闻报》成了默多克系列收购行动中的金库。

到了1973年，默多克横跨大西洋，从英国来到美国，收购了3家报纸——《快报》、《晚报》和《星期天报》。不久之后，默多克又在美国创办了一份全国性报纸《美国之星》。其后，默多克又陆续将《纽约邮报》《纽约杂志》《先驱美国人报》（后更名为《波士顿先驱报》《太阳时报》）收归旗下。

1981年2月，英国著名的《泰晤士报》和《星期日泰晤士报》陷入财政困境，默多克又转战英国乘虚而入买下了它们。英国政府批准了这个交易。在收购《泰晤士报》的同时，默多克还意外地得到了一座"金矿"5%的股权，这座"金矿"就是路透社。

第 07 章
组织文化管理：企业文化是最根本的竞争力

此时默多克的帝国已拥有澳大利亚、英国和美国 3 个相对独立而又互相联系的领地。

1990 年年底，由于贷款超过 70 亿美元，默多克几乎破产。于是默多克将他的英国卫星电视公司天空电视台与竞争对手的公司合并，组成了"英国天空广播公司"。1994 年，新合并的英国天空广播公司宣布赢利 2.8 亿美元。此后，一直在回报默多克的投资。

1993 年，默多克以 8.5 亿美元收购亚洲卫星电视媒体公司，显示了新闻集团发展战略中的两大重点——印度和中国。

上述一连串并购体现了鲁珀特·默多克强烈的冒险精神，有人说他是凭直觉下注的赌徒。早在上学的时候，默多克就参加过赌钱游戏。他喜爱赌博带来的刺激，特别是豪赌的刺激。他把投资也当成赌注，参赌报业、电视以及远程卫星，这是赌注巨大的智力竞赛。

一位困惑的投资分析家说："他参加豪赌，在所有的疑问还没有答案之前他就开始投资。这种不确定因素对于良性投资有害无益。"但默多克继续奉行具有传奇色彩的边缘政策。他玩着空中连续抛球的游戏。一位分析家问道："有些人感到默多克追逐太多的目标，何时才能罢休？"但是默多克继续向空中一个接一个地抛球——并且成功地接住了大部分球。

在《美国企业精神》一书中，美国管理学者劳伦斯·米勒说："卓越并非是一种成就，而是一种精神。这一精神掌握了一个人或一个公司的生命与灵魂，它是一个永无休止的学习过程，其本身就带有满足感。"由此可见，追求卓越、争创一流就是一种永不满足的进取精神。同时，追求卓越也体现了一种竞争精神，"人无我有，人有我新，人新我优"，这种"最佳、最新、最优"的竞争意识就是企业家追求卓越的精神。只有具备了这种精神，企业家才能产生一种傲视群雄、勇往直前的大无畏气概。

我们还可以看到，在海尔集团从一个亏空147万元的小厂成长为现在年销售收入几百亿元的国际化大型企业集团的全过程中，张瑞敏对企业文化的积极倡导起到了关键性作用。他倡导率先建立企业文化中心，强化企业文化的功能，关键是"敬业报国，追求卓越"的企业精神、"迅速反应，马上行动"的企业作风。张瑞敏常说："要么不干，要干就争第一。好比一颗拳坛新星的起步，他的目标必须首先就指向世界冠军，甚至要超越世界冠军。否则他不仅永远无法成为世界第一，而且一不留神还会被任何一个平庸的选手击倒在地。"在这种文化和精神的引导下，海尔确定了自己明确的发展战略，创立了适合自己发展的OEC管理方法，严格控制产品质量，积极开拓产品市场，热情服务于顾客。他们亮出自己的品牌，许下"真诚到永远"的庄严承诺，把企业文化活动融入到整个经营活动之中，并成功地运用企业文化激活了若干"休克鱼"，使海尔在短短的十几年时间内便迅速扩张，成为一支巨大的"联合舰队"，显示了企业文化的真正威力。

企业文化可提升员工和企业战斗力

无疑，从表面上来看，企业文化是十分虚化的东西，它不能直接产生效率和效益，而是通过对员工施加价值观和思维方式的影响间接地提高生产力。但在现代管理中，相信没有人再怀疑企业文化对员工工作态度和企业发展前景的影响力。

在新经济时代中，决定企业兴衰成败的不是资本的竞争力，而是文化的竞争力。优秀的企业文化是指导和约束企业行为以及员工行为的价值理念，是企业管理的灵魂，是企业发展到一定时期，在企业管理水平不断提高基础上的必然产物，是企业向更高层次发展的内在要求，是推动企业发展的内驱动力。它不是游离于企业体制之外的，其本身就是企业体制的重要组成部分，更是企业领导者经营理念的直接反映。

第07章
组织文化管理：企业文化是最根本的竞争力

不可否认，很多企业都认识到了企业文化对于企业发展的重要意义，但仍然有相当多的领导对于企业文化的认识存在误区。他们认为企业的文化就是自己的文化，自己设定一个什么样的文化、什么样的制度，员工就应该照葫芦画瓢。不管这个瓢是圆是扁，作为下属只管照样子画就对了。如果有什么异议那就是对领导的不忠、对企业的不忠，就该受到惩罚，甚至应该下课走人。

保住饭碗、保住薪水是企业里每一个员工的共同愿望，因此对于这种强制性的企业文化人们都是敢怒不敢言。长此以往，企业就形成了以老板文化为核心的奴化式的企业文化。在这样的企业里，把大家"凝聚"在一起的共同基础不是真正的精神内核、不是共同的远景目标和价值观，而仅仅是薪水而已。很难想象这样的企业文化能给企业带来多少凝聚力和创造力。而没有了凝聚力的企业还能坚持多久，还能走多远？

优秀的企业文化应该得到全体员工的认同。而每个员工都应是企业文化的创造者、完善者和体现者，而不是被动的承受者。若企业文化仅仅停留在口头或者是纸上，仅仅依靠严格的规章制度来强制员工遵守，是不能称其为企业文化的。文化与制度的区别在于制度往往是员工的对立之物，而文化则超越了制度的对立而成为员工的自觉之物。制度是一种强制力，而文化则是一种更为强大的自然整合力。

文化的根本标志在于它的自动整合功能，它强大得无需再强调或者强制，它不知不觉地影响着每个人的思想和精神，从而最终成为一种自觉的群体意识。只有达到这种程度，一个企业的价值理念体系才可能被称之为企业文化。

教官向一班学员讲授领导与管理的不同，他给学员出了一道题目："现在由你来领导本班，让大家全部自动走出室外，切记！要大家心甘情愿！"

第一位学员不知道该怎么办才好，回到了座位上。

第二位学员对全班的学员说："教官要我命令你们都出去，听到没有？！"全班没有一个人走出室外。

第三位是这么做的："大家都听好了，现在教室要打扫，请各位离开！"但仍然还有一部分人留在教室内，值日生在待命扫地。

第四位看了纸片上的题目一眼后，微笑着对大家说："好了，各位，午餐时间到了，现在下课！"不出数秒，全教室的人就都走光了。

让别人为自己做事，而且是心甘情愿，该怎么说、如何说，都是一门艺术。用权威来压人或者讲大道理来说服，都不会收到好的效果。只有将自己的目的和对方的意愿或者切身利益结合起来，才能得到双赢的结果。

一个企业如果没有和员工建立起共同的远景目标，而且缺乏共同的信念，谈何利益相关？但凡优秀的企业，都是通过确立共同的远景目标，整合各类资源，牵引整个组织不断发展和壮大，引导成员通过组织目标的实现来达成个体目标的。

对于一个企业而言，要想让员工全心全意地热爱、信仰、遵从企业文化，最好的办法不是强制其全盘被动地接受，而是让他们参与进来。只有员工自己参与了，有关员工的切身利益、自身目标和企业的利益、远景目标达成一致了，员工才会从心底到行动都接受，认同企业文化。

既然洗脑是权宜之计，是短线，那什么才是建立好的企业文化的正途呢？其实，建立有凝聚力的企业文化的真经就十个字：平等、尊重、信任、合作、分享。

那么，企业领导者怎样做才能让员工认同企业文化，并愿意全心全意为企业奉献自己呢？

首先，努力在企业和员工之间建立起一种长期的相互信任与相互依赖的关系。以长期雇用为出发点，以外部劳动力市场为依托，强调对员工个人能力的培养与开发，重视客观公正的绩效考核，注意保持报酬水平和报酬差别的公平合理性，强化企业与员工之间的互利合作意识以及一般员工的参与意识，才能得到员工的信任并最终留住员工。

其次，在各项具体的人力资源管理政策与实践上注意积极推动企业的文化建设。企业在制定每一项人力资源管理政策和制度的时候都必须树立"人高于一切"的价值观，并坚持将这一观念贯穿于企业的所有人力资源管理活动之中。企业及其管理人员必须承认，员工是企业最为重要的资产，他们不仅值得信任、需要被尊重和公平对待、能够参与决策，而且每个人都有自我成长和发挥全部潜力的内在动力。

努力贯彻以价值观为基础的雇佣政策。企业在招募和挑选新员工时就应当注意执行以价值观（即符合企业文化要求的价值观）为标准的雇用政策。利用精心组织的面谈等手段判断并确定求职者的价值观（如追求卓越、合作精神等）与企业的主导价值观是否一致。

为员工提供就业保障及相对公平合理的报酬。首先，企业尽量避免因外部原因随意解雇员工，从而为员工提供一种长期的工作机会。其次，企业为员工提供包括高于市场一般水平的工资奖金和额外福利在内的一整套报酬，并且使员工有机会分享企业的利润。这两个方面的内容都是要促使员工将自己看成是企业共同体中的一员。

通过工作组织形式的调整和参与管理，在员工中创造一种团结合作与共同奋斗的价值观。这包括：建立企业与员工进行双向沟通的正式渠道和员工参与管理的办法，确保员工受到公平对待，并切实保障雇员享有参与管理的机会。

制定各种人力资源开发计划，努力满足员工的各种自我实现需要。不仅保证员工有机会在工作中充分发挥自己的技艺和能力，而且为员工个人提供长期发展的机会，注意从长期职业生涯的角度来帮助他们设计、实现个人的职业目标。为此，企业应致力于广泛运用工作轮换、在职以及脱产培训、内部晋升、组织团队、绩效评价以及职业生涯设计等各种手段来帮助员工进行自我提高和自我发展。

通过企业文化建设，构筑全体员工共同的价值观，进而改变落后的、消极的思维方式和工作模式。于是，企业文化的虚转化成了实，转化成了无往而不胜的战斗力。

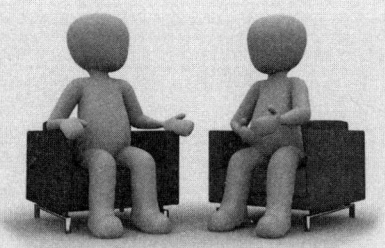

• 第 08 章 •

领导精进法则：从管理者升级到领导者

领导者要以身作则

身先士卒，率先垂范，才会唤起下属的崇敬感。现在的大多数人都不喜欢被管理，如果管理者的行为引起下属的疑虑，就会引起他们的反感。因此，身为管理者必须真正地以身作则，才能让下属信服。

群众期待的管理者，是在非常时期能够表现得与众不同，且能够断然地作出决定，迅速敏捷地采取行动的人。只有这样的管理者，才能强有力地支配部下。

在竞争愈来愈激烈的今天，企业随时都会面临各种困难。当面临困境时，管理者必须要能够身先士卒面对难关。这样坚定沉着的精神就会传达给部下，让大家都能够勇敢地面对挑战。

身为管理者，不仅是要会做报告、夸夸其谈、在言词上折服众人，更重要的是自己能以身作则、严于律己。因为自己的一言一行、一举一动都会受到大众目光的监视。将自己的行动表现在事业上，是最能感动他人的举措。

日本本田技研工业总公司的创始人本田宗一郎每当遇到棘手的事情时总是自己率先去干。公司里的年轻人都非常佩服他的这种身先士卒的垂范作风。

俗语云：行动是无声的教诲。一大堆的同情话、亲热语，远不及于援一手、投一足的实际小帮助。人是最容易为一些小事情、小恩惠的感情所折服的。

孔子曰："其身正，不令而行；其身不正，虽令不从。"有些地方或单位之所以出现"有令不行，有禁不止"的现象，一个重要的原因，就在于某些管理者特别是高级管理者自身不正，不能以身作则。己身不正焉能正人？要"身正"，就必须严于律己，加强自身的思想道德修养。

第08章
领导精进法则：从管理者升级到领导者

管理者要注重行为的"垂范激励"。企业管理者，不管你是委派的还是选举产生的，抑或是竞选受聘的，一旦被任命之后，手中就拥有了经营管理企业的权力。然而，这并不意味着你的权力已经"合法"。能否获得群众认同的"合法权威"，关键要看管理行为产生的"激励效应"如何，即能否从你的下属和员工那里得到"合法化"的赞同。

美国社会学家彼德·布莱认为，管理者的有效性和稳定性取决于下级的社会赞同。受到下级承认和赞同的管理者，在对下级施加影响时，要比那些未受到承认或赞同的管理者更为有效。假如你忽视了这一点，以为靠着人事部门的一纸文件就可以滥用权力，那么你就会动摇管理者权威的有效性及合法性。久而久之，最终会丧失员工心目中对你的权力和威信的认可。

管理者如何才能做到以身作则？

（1）具有自我管理素质

善于自我管理的企业领导者能够独立思考、工作，无需严密的监督。

（2）忠于一个目标

大多数员工都喜欢与将感情和身心都奉献给工作的人共事。除了关心自身外，企业领导应忠于某样东西，比如一项事业、一件产品、一个组织、一个工作团队或一个想法。

（3）培养自己的竞争力，竭尽全力达到最好的效果

领导者掌握着对组织有用的技能，因此，领导的绩效标准应比工作或工作团队要求得更高。

（4）有魄力，讲诚信

领导者应该独立自主，有值得员工信任的知识和判断力。另外，领导者还要有较高的伦理道德标准，并且勇于承认自己的错误。

作为企业的领导者，不能自律，就无法以德服人、以力御人，如果无法取得员工的信赖和认可将必败无疑。优秀的领导者必须懂得，要求下属

员工做到的事，自己必须首先做到。

最重要的工作是提出愿景并激励他人为此而奋斗

领导者就是那些可以清楚地告诉人们如何做得更好，并且能够描绘出愿景构想来激发人们努力的人。

杰克·韦尔奇是一位强硬的公司愿景的拥护者。在他的著作《杰克：在领导一个伟大的公司和伟大的民族中我所学到的东西》中，他是这样说的："每当我有了一种想运用到这个组织中去的观点或者信息的时候，我从来都说不够。我在每次会议和每次考察中都会一次又一次地对它进行重复。我总是觉得我必须说到极致，好让大量的人们理解并追随这种观点。"

韦尔奇说："领导人，像罗斯福、丘吉尔和里根等人，他们有办法激励一些有才干的人，让他们把事情做得更好。而管理者呢，总是在复杂事务的细节里打转，这些人在'进行管理'的同时'把事情弄得复杂'。他们往往试图去控制和抑制，把大量的时间浪费在琐碎的细节上。"

在被问到"你如何确保自己成为一个不进行微观管理的梦想家式领导者"的时候，韦尔奇这样回答道："明文写下愿景；避免深陷细枝末节；雇用并提升那些最有能力将愿景转化为现实的人。"

韦尔奇是这样解释员工的力量和真正的领导艺术的：不可能有哪项业务能够离开替补席上的运动员。真正的领导艺术来自于一个人的愿景的质量，以及此人激发他人尽情施展的能力。最好的经理人并不用威吓胁迫进行领导（"我是老板，你得照我说的去做"），他们通过感召他人产生施展抱负的愿望来领导（"这是我为我们的未来设置的愿景，这样做你就能帮助它成为现实"）。

比如，他的关键性文化创意"群策群力"计划就是特别为确保每一名员工对企业应当如何运转都有发言权而设计的。通过引领员工为共同目标而奋斗，能有效地减少官僚主义、独断专行等阻碍员工才智发挥的障碍，为员工创造一个可以尽情施展的理想环境。

上世纪80年代初，通用电气是一个工业革命时代遗留下来的庞然大物，韦尔奇坚信它一定可以成为市场上高价值的供应商、高效率运营的公司。为了达到这个愿景，韦尔奇不断加强公司的学习能力和适应变化的能力，从而推动了公司的改革，使通用电气成为了全球最成功的国际企业之一。

韦尔奇上任伊始就提出了数一数二的战略愿景。他说："我们要能够洞察到那些真正有前途的行业并加入其中，要在自己进入的每一个行业里都做到数一数二的位置——无论是在精干、高效，还是成本控制、全球化经营方面。不这样做，80年代的公司将不会再出现在人们面前。我们必须要做到数一数二，因为，如果我们对一项业务的长期竞争力没有有效的解决方案，那么终将有一天业务会陷入困境，这只不过是时间早晚的问题。"

韦尔奇认为通用电气的各项业务都要力争在市场占有率、在竞争力上达到业界的数一数二，否则就要处理掉。追求数一数二，这正是通用电气的新战略愿景。在此后的20年里，这一愿景就像一面旗帜指引着通用电气从当年的美国十强之一变成世界第一，从当年的大而有些僵化的"超级油轮"变成最具活力的企业——"会跳舞的大象"。

凡是成功的企业，都拥有一个激动人心的"共同愿景"：

通用电气"使世界更光明"；

IBM公司"无论是一小步，还是一大步，都要带动人类的进步"；

苹果电脑公司"让每人拥有一台计算机"；

AT&T公司"建立全球电话服务网"；

福特汽车公司"让每一个人都能拥有一辆汽车"；

联想电脑公司"扛起民族微机工业的大旗"；

……

在1933年松下电器公司的创业纪念日讲话中，松下幸之助详细阐述了实现企业共同愿景的设想。其著名的250年计划即是从这里开始的：

"从今天起，往后算250年，作为达成使命的期间。把250年分成10个阶段。再把第一个25年分成三期，第一期的10年，当作建设时代；第二期的10年，当作活动时代；第三期的5年，当作贡献时代。第一阶段的25年，就是所在的各位所要活动的时间。第二阶段以后，有我们的下一代，用同样的方法重复实践。第三阶段，也同样有我们的下一代，用同样的方法重复实践……依此类推，直到第十个阶段。换句话说，250年以后，要把这个世界变成一个物质丰富的乐土。

"如上所述，我们的使命，既任重又道远。从此刻起，我们要把这个远大的理想和崇高的使命当作我们松下电器的使命。你们应该要自觉、勇敢地承受使命，若某人没有这种自觉的意识，我不得不认为他是与我们松下电器无缘的人。我们并不希求人数众多，我们需要的是，有使命感的人团结起来，朝着目标前进，这才是有意义的事。

"在此我必须声明一句话：我们的使命重大，理想崇高。因此，有时我不得不以严峻的态度要求你们。可是对各位的辛劳，我一定会重重地酬谢。

"松下电器从未设立过创业纪念日，也未曾举办过纪念典礼。可是今天我要指定五月五日是我们的创业纪念日，以后每逢这一天，一定要举行隆重的典礼来祝贺。我要把今年取名叫'命知'创业第一年，以后应当是命知第二年、第三年……依此类推，直到'命知'250年。'命知'的意义就是'知道生命'的意思。过去15年，只是胚胎期，今天，新的生命终于诞生了。释迦牟尼在母亲胎中孕育了3年3个月的时间，所以他会有异于常人、不平凡的创举。松下电器在母亲肚子里呆了整整15个年头，我们应该有超越释迦牟尼的表现，完成我们的任务才行。"

听了松下幸之助关于共同愿景的演讲，全体松下员工无不为之斗志昂扬，宣誓为之奋斗终生。

正是在"要把这个世界变成一个物质丰富的乐土"这个共同愿景的指引和感召之下，松下电器公司才成为了当今世界上数一数二的跨国公司，并且为人类文明的进步和发展作出了卓越的贡献。

我们再来看看福特公司是如何做的。一百多年前，亨利·福特说他的愿景是："使每一个人都拥有一辆汽车。"很多人都认为他疯了。但是，当他离开这个世界时，福特的T型车在美国卖出了1500多万辆，他的梦想已在当今的美国社会完全实现。在他的墓碑上刻着这样一句话："在他来到这个世界时，人们骑着马；当他离开这个世界时，人们开着车。"

正是亨利·福特伟大的愿景激励着福特公司的员工，为着一个伟大的梦想而奋斗，使福特公司成为今天世界上第二大汽车公司，也造就了福特公司这一伟大的团队。

在韦尔奇看来，领导者应能为公司的发展作出愿景规划，而且思想与行动应统一；还必须能够向本单位的人清楚地描述这个企业，并通过讨论、倾听与诉说来获得一个普遍接受的共识。这样，每一位成员就可以根据达成的共识朝着成功的目标迈进。

一个企业必须要有一个往何处发展的愿景，这样员工才能知道为了到达那个方向和目标应该学习什么。一个人要想使自己的人生之路走得更好，也要为自己树立一个长远的目标。

高明领导者的下属不需要管理

杜拉克认为："我们有太多的管理者在使人无法工作。"长期以来，传统的观念认为，在企业中，管理者的职责是监视、监控，管理者只要监督下属的工作就行了。整个公司管理层只是到处举办高层会议，以确保企业和其他基层的工作运行正常、不出问题。结果，高级经理们沉溺于文件、报告、会议中，不给基层管理者作决策、展示才能的机会，渐渐失去了与下级沟通的机会。这就是那些管理者所做的一切，而且他们还认为这就是他们的工作。而事实上，一个聪明的高层管理者是不用事无巨细、全面管理的。宝洁公司的事例就是最好的证明。

在宝洁公司，当时他们提倡的是"办公室景观"的新观念，所有的办公室都是开放的，只是用盆景、可移动的壁板、书架、柜子之类的东西隔开。一家商业杂志社想对这个新观念加以报道，于是派人采访了总经理史旺生。

公司总经理带着杂志社的编辑参观办公室，这位编辑看到了美丽的办公空间和漂亮的员工休息间后问道："你们对员工喝咖啡的时间和休息的时间有何规定？"

"我们惟一的规定就是，不能在工作地点吃东西或喝饮料，因为我们不敢冒险弄脏这些整片的地毯，也怕会搞坏其他装潢。至于我们的员工，他们随时都可以到休息室舒展筋骨，也没有人为地规定喝咖啡的时间。"总经理微笑着回答。

"完全没有规定？"编辑惊讶地问，"那你们如何防止滥用权力？员工岂不是想偷懒就偷懒？"

"我们不用防止权力滥用，也不怕员工偷懒，这些问题员工会自行防止。"总经理说，"舆论和与生俱来的自尊就足以使每位员工都努力维护自己良好的形象。"看到记者迷惑的眼神，他接着说："当我们准备进行办公室美化时，一位心理学顾问建议我们实行这种政策，结果真的有效。你已经看到了，休息室像其他办公室一样，包括主管人员的办公室——全都是开放的空间——所有经过的人可以清清楚楚地看到里面的一切。每个员工都知道：自己离开工作的地方别人都看得很清楚，而且每个经过休息室的人都能看见他们在抽烟、聊天、吃东西时，他们当然就不会再滥用权力了。"

最后，这位总经理开了句玩笑道："让公众注意一个人的行动是最好的管理方法，而公司不必为此付薪水。"

这位总经理的话实际上就是杜拉克的观点：管理者不要时刻去管理监督员工，每个人都会由于各种各样的原因来自己管理自己。好多管理者过于迷信制度的作用，经常把制度提升到管理的核心位置。可是，管理者依然困惑：为什么制度很难执行？明明是大家应该做的东西，而这样对他们只有好处没有坏处，他们为什么不愿接受？

人的本性证明：不论是什么样的东西，凡是"强加"的就会遇到本能的抵抗。管理者不必把公司里所谓的精英者的地位放得高高的。在以前的管理中"精英者与员工的工作关系是管理与被管理"的观念必须要改变。要记住，人是不喜欢被其他人管理的。

在1976年，雷夫寇提出了"关掉噪声"的实验报告。在实验中，一些被研究的人员在进行解谜和校稿工作，周围不时制造出非常嘈杂的噪音。被研究的人员被分成了两组，第一组仅被要求要尽力完成工作，第二组则增设了一个可以关掉噪声的按钮。结果有按钮的第二组表现较佳，解谜是第一组的五倍，校稿的错误率也相对较低。但令人感到意外的是，第二组并没有人使用可关掉噪音的按钮。由此可见，只要让人们知道能自行调控就可产生极大的差异。这一观念所体现的精髓便是"自我管理小组"。

自我管理小组没有安排任何直属主管，成员都是先接受培训以便承担工作挑战。只要赋予小组所需的资讯与任务，让他们自行安排每日的工作内容的、自行设定目标，对质量管理、采购出勤和成员行为负责，并且让每一名成员都了解该小组职责范围内所有的工作内容。自我管理小组成功地实现了"放弃对员工的控制以便控制他们"的观念。如果实行得当的话，这种小组往往可以产生很高的生产力。

宝洁公司实行"自我管理小组"已有40年的历史。20世纪60年代初，宝洁公司的管理者们开始接触自我管理小组的观念，当时，他们就认定这是主要的竞争优势，并把这项方法视为商业秘密。

人可以在不得已的情况下被强制，但是却永远不愿接受强制管理，甚至是作为他人意志的体现而强加于自己。这是人的本性，你不可以违背人的本性，否则便会带来不必要的麻烦。人只能服从于自己的意愿，只能自我管理。当企业的员工自己管理自己时，他们会去做企业希望他们做的事，而不是由任何管理者强迫他们去做。

员工不是资源，而是资源的掌握者，所以管理者不可以像使用任何资源一样使用员工、管理员工、控制员工。如果管理者有这样的观念，就肯定会受到来自于员工阶层的各种形式的抵触，尤其当被管控的员工是公司里的最有"价值"的知识员工时这种情况尤为严重，因为知识员工的自主性最强，他们绝对不会被动地接受强制性管理。

随着管理新时代的到来，管理意味着是帮助而不是控制、是变复杂化为简单化。管理者不能再终日忙于计划、组织、指挥和控制。管理者必须通过培养积极的工作关系以加强员工的自尊；必须运用适当的人际关系技巧来激励员工；必须建立起一种关系，使集体的效率远大于简单的个体相加。管理者还要对员工进行必要的培训，让每位员工都能发挥自己的才能，以促使员工提高工作业绩；同时，管理者还必须创造良好的工作环境，为员工提供发展的平台；另外，管理者还要对有贡献的员工给予必要的奖励。

现代化管理不是要削减公司的管理层次和管理规模，更不是要减少"管理者"，而是"管理"观念从根本上的变革，使"管理者"变成以人为本，引导员工实现自我控制、自我管理的新型"管理者"，在公司形成一个宽松的工作环境，达到高效的工作效率。这种观念上的变革，其意义要远远大于简单的精简管理层次。

每一个人都是自己的主人，管理者的职责应该是引导员工成为自己的主人。每个人都会有某种强烈的需求，并希望能够控制自己的未来，哪怕仅仅是一部分，这一点就是人的自主性。员工只要相对能控制自己的生活，就会觉得心情舒畅，也就会更具有生产力。

以专业知识和决策能力为自己树立威信

领导者的担子重、责任大，欲履行好职责，是不能没有威信的。只有树立了较高的威信，才能增强教育人的说服力、团结人的凝聚力、工作中的号召力。

纵观世界500强企业，其管理者都有一种与众不同的风度，能做到言出必行、指挥若定，让下属感到威严而又可敬。那么威信来自于哪里？它来自领导者渊博的知识、丰富的经验、果断的决策、良好的形象、卓越的技能。

个人威信与这样一种能力有关，这种能力影响着当事者周围的人群、环境和条件。它可以使别人相信当事者的言行，从而按照他的意志来做事情。

个人威信与个人特有的品质和特点密切相关。人格、能力、经验以及所控制的信息都是形成个人威信的必不可少条件，这些条件能够使当事者对某些后果产生影响从而增加他们的控制能力。成功者总是能够利用任何的机会与场合来扩大自己的个人威信，他们知道在任何时候，没有威信、不能影响别人的人是永远也不会赢得别人信赖的，而得不到别人信赖的人是不会把事情办成的。

作为管理者如果没有威信，虽然下属们表面虚心应承，背后却违领导者之意行之，可以想象，那将是怎样一种情况！作为一个管理者，必须要在员工中树立起自己的威信，"说一不二"，哪怕是错的也要服从。这样，才能在任何情况下把组织活动控制在自己手中，一旦有了大的波动，出现混乱局面，一个权威的声音总比大家一起吵吵嚷嚷更能解决问题。

管理者的威信来源于自身的丰富知识。知识尤其是与自身工作相关的专业知识是领导者的宝贵财富。专业知识不但是征服困难的力量，也是征服人心的力量。领导者具有丰富的专业知识，能够回答下属不能回答的问题，特别是领导者丰富的知识能够给下属带来实惠时，下属就会对领导者产生敬佩感，领导者就能在下属中树立起较高的威信。

管理者的权威建立在自身领导能力之上，在指派任务时，注意进行情况预测，对于任务的艰巨程度、领受任务下属的承受能力、分配任务时可能出现的问题等等都能做到心中有数、胸有成竹。必要时常常事先与领受任务的下属相互沟通，事先做好工作、征询意见，尽量避免分配任务时出现顶牛现象。

管理者权威的树立关键还在于其领导能力和用人技巧。在决策前多听取意见，意见基本一致时再定下决策。

作为一个领导者，在某些时候，为了避免决策错误，少作决策也是一个极好的办法。有的管理学家甚至会这样说："一个单位总是需要领导者匆忙地去作决策的话，那就不是一个好单位。"如果是这样的话，领导者会始终在一种压力下工作，不断地头痛医头、脚痛医脚。

管理者发出的指令能否得到最有效的施行，直接关系到领导者权力的影响度和威信的力量。世界500强管理者的管理经验证明，中层领导谨言慎行、不轻易许诺是做好中层领导的必备素质。

管理者往往与员工接触较多，关系也相对于高级领导者更紧密，在不自觉间，往往会忘记自己所肩负的领导职责。殊不知，圣人举步，众人瞩目。管理者的一举一动，必会引起相当多的人注目而视。可谓船摇一尺，桅摆一丈。因此，应该对自己的言行执有戒惧、审慎的态度，才能名符金口玉言之实。

不少领导者所做的最不可取的一件事就是爱许诺，可他们却又偏偏不珍惜这一诺千金的价值，在听觉上与视觉上满足了下属的希望之后，又留给了人们漫长的等待与终无音讯可循的结果。

诺言如同激素，最能激发人们的热情。试想，你在头脑兴奋的状态下许下了一个同样令人兴奋的诺言：若超额完成任务，大家月底将能够拿到40%的分红。这是怎样的一则好消息啊，情绪高亢的人们已无力辨别它的真实性，想象力已穿过时空的隧道进入了月底分红的那一幕。

难以兑现的诺言比谣言更可怕。虽然谣言会闹得满城风雨、沸沸扬扬，但人们很快就会明白事实的真假，但未实现的承诺骗取的却是人们真心的付出。就像你让一个天真的孩子替你跑腿送一份急件，当孩子跑回来索要你的奖赏时你却已溜之大吉，那孩子可能会由此而学会收取定金的本领。一旦你的员工有了这样的心态，那你在组织中就是一个彻底的失败者，你的权威没有了，必要的信任也消失了。

你的命令不是圣旨，但你的承诺却有着沉甸甸的分量。对于你不能实现的诺言，最好今天就让下属失望，而不要等到骗取了雇员的积极性后的明天让他们更失望。

高层管理者要想有威信，并不单纯靠权力，要看能力、水平、思想方法、处事技巧。权力平台提供了展现的机会，也容易暴露出不足。企业的最高管理者，既要懂得专业技术、生产过程，也要懂经营管理。更重要的是能够及时发现和抓住市场机会，及时带领团队创新，给团队以信心和经济实惠，使下属对其充满希望。仅靠权力"管、卡、压"或靠狡黠之术是不会长久的。

一个管理者，其言行举止必须要有一定的权威性，如果管理者说话做事无人信服，那是很可怕的。威信是管理者通过长期、无私地为集体奉献和服务，并且在某些方面具有一定的特长，从而逐渐地建立起来的。

秒针走得不准，时针就无法走准

贝聿铭是一位著名的华裔建筑师，他认为自己设计最失败的一件作品便是北京香山宾馆。他在这座宾馆建成后一直没有去督促过,因而成了他一生中最大的败笔。

实际上,在香山宾馆的建筑设计中,贝聿铭对宾馆里里外外每条水流的流向、大小、弯曲程度都有精确的规划;对每块石头的重量、体积的选择以及什么样的石头叠放在何处最合适等等都有周详的安排;对宾馆中不同类型鲜花的数量、摆放位置,随季节、天气变化需要调整不同颜色的鲜花等等都有明确的说明,可谓是匠心独具。

但是工人们在建筑施工的时候对这些"细节"毫不在乎,根本没有意识到正是这些"细节"才体现出了建筑大师的独到之处,而是随意"创新",改变水流的线路和大小,搬运石头时不分轻重,在不经意中"调整"了石头的重量甚至是形状,石头的摆放位置也是随随便便。看到自己的精心设计被无端演化成这个样子,难怪贝聿铭要痛心疾首了。

因此,香山宾馆建筑的失败不能归咎于贝聿铭,而在于执行中对细节的忽视。

一个计划的成败不仅仅取决于设计,更在于执行。如果执行得不好,那么再好的设计也只能是纸上蓝图。惟有执行得好,才能完美地体现出设计的精妙,而执行过程中最重要的在于细节。

比如,对于营销来说,一个营销方案是否能取得预期效果,就还原创意和实现创意的过程而言,执行过程中的细节绝对是重中之重。

某乳品企业营销副总谈起他们在某市的推广活动时说:"我们的推广非常注重实效,不说别的,每天在全市穿行的 100 辆崭新的送奶车,醒目的品牌标志和统一的车型颜色,本身就是流动的广告。而且我们要求,即使没有送奶任务也要在街上开着转。多好的宣传方式,而别的厂家根本就没有重视这一点。"

然而,这个城市里原来很多喝这个牌子牛奶的人后来却坚决不喝了,原因正是送奶车惹的祸。原来,这些送奶车用了一段时间后,由于忽略了维护清洗，车身沾满了污泥，甚至有些车厢已经明显破损，但照样每天在大街上招摇过市。人们每天受到这种不良的视觉刺激，喝这种奶还能有味美的感觉吗？

创造这种推广方式的厂家没想到——"成也送奶车，败也送奶车"。对送奶车卫生这一细节问题的忽视，导致了这一创意极佳的推广方式的失败。

同样的问题越来越多地出现在各企业的各个营销环节中。很多企业在营销出现问题的时候，一遍遍思考营销战略、推广策略哪儿出了毛病，但却忽视了对执行细节的认真审核和严格监督。如果从一个营销活动的执行而言，细节的意义要远大于创意，尤其是当一个方案在全国的多个区域同时展开时，如果执行不力、细节失控，那么最终很可能面目全非。而每一个细节上的疏忽，都可能对整体的成功形成"一票否决权"。

2003年2月1日，美国"哥伦比亚"号航天飞机在返回地面途中，着陆前意外发生爆炸，飞机上的七名宇航员全部遇难，全世界为之感到震惊。美国宇航局负责航天飞机计划的官员罗恩·迪特莫尔被迫辞职。此前，他在美国宇航局工作了26年，并已担任4年的航天飞机计划主管。事后的调查结果表明，造成这一灾难的凶手竟是一块脱落的隔热瓦。

"哥伦比亚"号表面覆盖着2万余块隔热瓦，能抵御3000℃的高温，以免航天飞机返回大气层时外壳被高温所融化。1月16日，"哥伦比亚"号升空80秒后，一块从燃料箱上脱落的碎片击中了飞机左翼前部的隔热系统。宇航局的高速照相机记录了这一过程。

应该说，航天飞机的整体性能等很多技术标准都是一流的，但就因为一小块脱落的隔热瓦就毁灭了一架价值连城的航天飞机，还有无法用价钱衡量的七条宝贵的生命。

在执行环节，不仅要细致到位，而且也要注重执行过程中的创新与突破。执行环节的创新虽然与整体方案的创新相比更加细微，但正是这细微之处更能显现出效果来。

如在某城市,在"感冒旺季"的时候,各品牌的感冒药都在各个终端药店派驻了促销员。但 A 品牌的感冒药在执行层面要领先于其他品牌一步。当该品牌着装整齐、佩戴统一校徽、具备丰富产品知识的 300 名医科女大学生出现在各个终端药店进行促销的时候,立刻把别的品牌的促销员比了下去,而且她们的素质与知识以及经过强化培训后的促销技巧,在与消费者的沟通中更显优势。

每个人都期望自己成为伟大的人,企业也希望能够做大做强。殊不知,这伟大的强盛的背后是由无数个细节积累起来的。但人们总是不愿顾及这些背后的细节,他们只看到了辉煌的表象,而那些深层次的问题他们都不愿去深究。其实,"不积跬步,无以至千里"。任何事物都不是由一个很小的状态一下子变得很大的。只有认真做好每一个小的细节,伟大之光芒才会在你面前闪耀。

准确定位领导者角色

保罗·托马斯说:"管理者必须通过各种方式领导别人一起达成目标,这是对管理者的基本要求,也是管理者的必备技能。"

人生是个大舞台,每个人都是演员,只是角色不同罢了。自己所扮演的角色是否成功、是否到位,直接关系着你人生的成功与否。现实中往往有些人不是没有能力,也不是不努力,可就是与成功无缘,其中一个重要的原因就是缺乏角色意识。

领导者在企业经营中处于至关重要的地位。企业经营得成功与否,在很大程度上有赖于领导者角色的发挥,正所谓"成也领导,败也领导"!

管理者在企业中应该扮演什么样的角色呢?很多中国企业的领导者没有意识到自己应该扮演的角色和起到的重要作用。领导者角色是多样性的，多样化的管理构成了其职责。

管理者在管理工作中必须扮演好下面十种角色。

（1）首脑

作为企业组织的首脑，每位领导者有责任主持一些仪式，比如接待重要的访客、参加某些职员的婚礼、与重要客户共进午餐等等。据调查，首席执行官将12%的沟通时间花在仪式性的职责上，在他们收到的信件中，有17%是与其地位相关的感谢信或邀请函。涉及到人际关系角色的职责有时可能是日常事务，几乎不包括严肃的交流或重要的决策制定，然而，它们对组织能否顺利运转非常重要，不能被领导者所忽视。

（2）领导者

由于管理着组织，领导者应对该组织成员的工作负责，从这一点上就构成了领导者的角色。这些角色有一些直接涉及领导关系，比如，在大多数中国企业中，领导者通常负责招聘和培训职员。另外，也有一些行动是间接地扮演领导者角色，比如，每位领导者必须激励员工，以某种方式使他们的个人需求与组织的目标达成和谐。事实上，在领导者与员工的每次接触中，员工都会通过一些线索来试探领导者的行动：他同意吗？他喜欢什么样的报告？他对市场份额比对高利润更感兴趣吗？……

（3）联络人

过去的企业管理从来都承认领导者的角色，特别是那些与激励相关的部分。而相比之下，直到最近一两年，管理专家才开始关注领导者在他的垂直指挥链之外与人接触的联络角色。实际上，企业领导者花在同事、企业之外的其他人身上的时间与花在自己下属身上的时间一样多。并且，令人吃惊的是，他花在上级身上的时间却很少，通常这三种情况所花时间的比例分别是45%、45%和10%。

（4）监控者

依靠包括下属在内的人际关系网的联系，领导者成为了组织的神经中枢。他不可能知道每件事情，但却肯定比任何下属知道得都多。作为监控者，领导者为了得到信息，需要不断审视自己所处的环境。他们询问相关联系人和下属，接收主动提供的信息（这些信息大多来自他的个人关系网）。担任监控角色的领导者，所收集的信息很多都是口头形式的，通常是传闻和流言。这些各种各样的联系使领导者在为组织收集"软信息"上具有天然的优势。

（5）传播者

管理者必须要分享并分配信息，企业内部可能会需要这些通过领导者的外部个人联系收集到的信息。在传播者的角色中，领导者需要直接传递给下属一些他们独享的信息，因为下属没有途径接触到它们。当下属彼此之间缺乏便利联系时，领导者有时会分别向他们传递信息。

（6）发言人

领导者有时需要把一些信息发送给组织之外的人，比如发表讲话或者向供应商建议改进某个产品等。另外，作为发言人的角色，每位领导者必须要随时告知并满足控制其组织命运的人或部门的要求。比如，企业的首席执行官可能要花大量时间与有影响力的人周旋，要就财务状况向董事会和股东报告，还要履行组织的社会责任等等。

（7）创业者

领导者必须努力组织资源去适应周围环境的变化。在监控者角色里，领导者应不断寻找新思想。而作为创业者，当出现一个好主意时，领导者要么决定一个开发项目，直接监督项目的进展，要么就把它委派给一个下属。

（8）危机处理者

创业者角色把领导者描述为变革的发起人，而危机处理者角色则显示领导者非自愿地回应压力。在这里，领导者无力控制某些突发事件、某个主要客户的破产或某个供应商违背合同等变化。实际上，每位管理者都必须花大量时间对付高压或者骚乱。没有企业能够事先考虑到每个偶发事件。骚乱发生的原因不仅是因为拙劣的领导者忽略形势直到它们达到了危机程度，还因为好的领导者也不可能预测自己采取的所有行动的结果。

（9）资源分配者

领导者负责在组织内分配各种资源，他分配的最重要资源也许就是其时间。接近领导者就等于接近了组织的神经中枢。领导者还负责设计组织的结构，即决定分工和协调工作关系的模式。

（10）谈判者

谈判是领导者不可推卸的工作职责，而且是工作的主要部分。领导者需要花费相当多的时间用于谈判，因为只有领导者有权把组织资源用于"真正重要的时刻"，并且只有他拥有重要谈判所要求的神经中枢信息。

管理者扮演的这十种角色不能轻易分开，它们形成了一个统一的整体。没有哪种角色能在不触动其他角色的情况下脱离这个框架。比如，如果一位没有联络交往的领导者缺乏外部信息，那么他就既不能传播下属需要的信息，也不能作出充分响应外部条件的决定来。

一名管理者，要演好自己的各种角色不是一件容易的事，但也不是一件难事，关键在于其是否有角色意识。有了这种前提，余下的就是能力问题了。

管理者最重要的角色——"领头羊"

优秀的企业需要优秀的领导者，优秀的领导者是企业成功发展的基础。只要领导者管理方式正确、工作氛围良好，员工就会全力以赴地工作。毫无疑问，埋头苦干是中国企业中领导者的一种良好品质，但作为优秀的管理者，仅仅如此还远远不够。

是不是领导者的每一个角色都一样重要？当然不是。成功的管理者应当是一只"领头羊",他的价值就是把一群人带动组织起来。这是领导者所有角色中最重要的一个。

企业领导者必须要与员工打成一片,绝不能搞个人崇拜。这是因为,许多员工对企业内一手遮天的领导者非常反感。领导者要多和员工谈心,但最好以员工关心和喜欢的事为话题,千万不要滔滔不绝地吹嘘自己。要严格做到组织目标和个人目标的统一,并努力把所有成员"导向"目标,因为员工看不到自己的前途就会没有干劲。

企业领导者应该知道,要使员工能共同奉献于企业的愿景,就必须使目标深植于每一个员工心中,必须和每个员工信守的价值观相一致,否则就不可能激发这种热情。

企业领导者获得追随者的能力,主要表现在三个方面。

(1)远见卓识

领导者的作用应该是,在大家束手无策的时候,引导追随者沿着一定的方向前进。身为企业领导者,要有超乎寻常的远见卓识,只有这样才能告诉追随者们应该朝哪个方向走;然而这条路又是未知的,所以他又要走在队伍的最前面。他在关键时刻可使团队士气大振,凝成一股强大的冲击力。

企业领导者的远见卓识,不仅在于为追随者指明应该前进的方向,关键还在于能将追随者引导到他们希望去的地方。也就是说,企业领导者的管理目标应与团队价值观相一致,这样才能顺人意、得人心。

(2)示范表率

企业领导者不仅是原则的维护者,也是原则的执行者。他就好比团队的一面旗帜、一声号角。他的行为,感染着追随者的行为;他的指向,引导着团队的方向。

在管理直接下属的过程中,企业领导者应注意发挥在组织中的"示范效应"。要达到这个目的,就应该在做到"严于律己"的同时,把律己的影响力辐射到你的周围，在本部门甚至本企业的所有成员中产生反响。要让员工们感到，企业领导者既是一个组织中人事制度与政策的制定者，同时又是模范的执行者。

为了在员工中真正起到鼓舞、吸引、导向和榜样作用，管理者应注意以下几点：

①要了解你的下属关心什么、干些什么、需要什么，并尽力满足他们的合理要求。

②要想赢得下属的尊重，首先得尊重下属。要懂得你的权威不在于手中的权力，而在于你的下属的信服与支持。

③要学会利用各种机会和方式使下属清楚：你知道他们干得好坏。

④做到从内心深处喜欢所有的人。

⑤切记：信赖导致信赖，怀疑导致怀疑。

（3）导师培训

企业领导者不仅是员工的领袖，也是下属的导师。企业领导者应该教给下属的是行为原则，即面对不同问题的正确反应。企业领导者作为一个原则的确立者及维护者，不一定需要亲自提出原则，但一定要严格地掌控原则，要将原则传达给每一位下属，常用的方式是开大会、喊口号、贴标语，甚至是个别谈心。

在更多的时候，领导者的作用还在于启发下属。把事情交给部属处理是一条重要的用人原则。在通常情况下，为了避免因考虑不周或技巧不够而造成一些缺憾，上司往往习惯于指示部属应该如何做。但如果指示太过详尽，就可能使部属养成不动脑筋的依赖心理。一个命令、一个动作的机械工作，不但谈不上提高效率，更谈不上培养人才。在训练人才方面，最重要的是引导被训练者反复思考、亲自制定计划并付诸行动。只有独立自主，才能独当一面。对于领导者而言，最重要的工作就是启发部属的自主能力，使每一个人都能独立作业，而不是成为惟命是从的傀儡。在日常工作中，你既要像运动员那样，和全体员工一起向着共同目标努力冲刺，又要像教练员一样，随时对员工给予指导和帮助，鼓励他们向终点冲刺。对此，一些成功的企业领导者有如下六项体会：

①要注意依靠大家办事，经常提醒自己："我们"比"我"更重要。

②要知道被领导者总是以领导者的言行来决定自己的行为。

③首先不是去管理员工的行为，而是要争取他们的心。

④要让公司中的每一位成员都对公司有所了解，逐步增加透明度，培养员工的群体意识。

⑤要设法不断强化所有员工的敬业精神，使其知道：没有工作热情，学历、知识和才能都等于零。

⑥如果下级都对你敬而远之，你将成为"孤家寡人"，因此要平易近人。

有良好个人品质的领导者更让员工信赖，即使其才学稍逊，也比那些才能出众而品质低劣的领导者更有领导力。品质好的领导者，员工当然愿意与他合作，并贡献出自己的力量。但是，单靠良好的个人品质还不能成为"领头羊"，这些品质必须要和积极与人沟通的能力结合起来才能发挥作用。

企业领导者应与员工建立良好的人际关系，主动关怀员工，学会与员工交谈并调动起员工的积极性。企业领导者应通过这一过程，将自己的领导魅力焕发出来，对员工产生潜移默化的吸引力和巨大的鼓舞力量。

领导力不是一个身份、一个职位或一个项目的力量，而是企业领导者与追随者互动时所发生的相互作用的关系，这种相互作用的关系并不像有些领导者认为的那么简单，也不仅仅是上下级的关系。

那么，企业领导者与追随者相互作用的关系应如何建立起来呢？

它是追随者在与企业领导者交往的过程中被领导者出色的素质与魅力吸引后，很自然地被吸引到企业领导者身边，并与之建立起的那种相互作用的关系，使双方相互吸引、相互认同、相互影响。企业领导者与追随者的关系正是这样由少到多、由短暂到长期地建立起来的，两者之间的相互作用也会逐步加强，并最终形成一股能达成共同目标的力量，团队的潜力才会爆发出来，成为促进团队前进的动力。

如果说企业是一辆载满乘客的巨轮，那么企业领导者就是这艘巨轮的船长，他掌控着这艘巨轮远航的命运。企业领导者是组织的行动灵魂和精神领袖，这就是管理者无可逃避的定位。一个成功的、优秀的、伟大的企业领导者必须完成的第一件要事就是为自己明确定位，主动地承担自己的责任，时刻牢记并扮演好自己的角色。

真抓实干比能言善辩更重要

若不能从根本上着手，奢谈企业管理是没有用的。管理没有秘诀，只看肯不肯努力下功夫，凡事求其合理化，企业经营管理的理念应是追根究底、止于至善。

提升管理者的感召力，很重要的一条就是管理者必须真抓实干。埋头苦干、脚踏实地，既是一种工作态度，也是一种管理思想。

"空谈误国，实干兴邦。"衡量一个管理者作风的优劣，不仅要看他讲得如何，更要看他干得怎样。一个合格的管理者决不能坐而论道，电话里问情况、材料里找根据，而必须深入实际，亲自调查研究，将"实"字贯穿于工作的始终，做一名真正的实干家。

那么，管理者应注意哪些方面呢？

（1）在危急时刻，管理者应展示坚定勇敢的形象，借以产生强大的号召力和凝聚力

这种作用在生死攸关的战场上、在抢险救灾的搏斗中、在条件恶劣的环境里，尤其显得必要。

（2）在平时，管理者应树立自律自重的形象，借以形成感召力，影响员工的行为

管理者只要按照他们要求员工做到的，自己着意做到，哪怕是一个不大的动作、一个细微的表情，都可能产生意想不到的效果，而且职务越高影响就越大。这些极平常的细微动作，员工看了会产生亲近感，并由小及大，推测管理者的为人品行，进而产生信任感。

（3）在特殊情况下，管理者应塑造同舟共济的形象，发挥激励性作用

有时管理者为了突击完成艰巨任务，可以亲临现场，做一些力所能及的事情，有意识地通过自己的行动给员工以激励和鼓舞，其效果也是十分明显的。

例如，某单位的一项工程必须要在暑期完成，工作相当艰苦，这时正值天气酷热，工人们在烈日下施工，个个汗流浃背，有的干脆光膀子干，但工程进度依旧缓慢。负责这项工程的领导年纪比较大了，他本来可以在有空调的办公室里指挥，可是他没有那样做。他在布置完工作后便到现场，就坐在工地上，有时还会亲自上阵。天热，他也脱了上衣，有扇子也不扇，工人干多长时间，他就陪多长时间。工人们很受感动，奋战一暑期，将工程提前完成了。这样惊人的速度与管理者和员工们同舟共济是不无关系的。

在现实生活中，有些管理者对于一些小事不屑一顾，以为只要把大事抓好就行了。其实这种认识是片面的，因为这些小事的影响并不小。再说了，要做到这些并不需要管理者花多大心思，有时就是举手之劳，便可产生巨大的效果，何乐而不为呢？

一个人如果没有实干精神，做任何工作都将一事无成；一个管理者如果缺乏脚踏实地的实干精神，工作浮在面上，成绩挂在嘴上，凡事浅尝辄止、蜻蜓点水，遇到矛盾绕着走，遇到困难就低头，是不可能把工作做好的，更不可能管好别人。

管理者的功底越厚越好

俗话说，打铁先要自身硬。作为一名管理者，如果自身的能力还没有员工高，又怎么能让他们口服心服？需知，现在是一个凭实力说话的时代，没有真本事，在给员工下达命令时可能就会遭到抵抗。员工们嘴上不说，心里都会念叨："他能力还不如我呢，凭什么命令我？"即使他们勉强接受了，也常常会消极怠工。这样一来，管理者的感召力又从何说起？企业又将如何生存发展？你还能在这个位置上坐多久？

管理者的功底越厚越好，拥有的知识越丰富越好。知识，尤其是与自身工作相关的专业知识，是管理者的宝贵财富。专业知识不但是征服困难的力量，也是征服人心的力量。

但在这个科技迅猛发展的时代，下属在学历、知识更新以及上进心方面甚至比管理者都要更胜一筹。在这种情况下，管理者要想成为"师者"，不进行广泛、深入的学习是不行的。

如今的信息更替频繁，也许昨天还是最新的情报，如果今天不用，明天就会变得一文不值。管理者必须要及时掌握行业动向以及本公司的实际经营状况。根据经营环境的变化，随时对组织内的人、商品及资源进行调整，这样，才能跟上时代的步伐，取得事业的成功。

一个管理者要随时随地研究并注意自己领域的知识与技能，而且一定要研究得十分透彻。在这方面，千万不能疏忽大意、不求甚解。有些事情可能看起来微不足道，但也要加以仔细观察；有些事情虽然有困难险阻，但也要努力去探究清楚。如能做到这一点，则管理过程中的一切障碍都可以一扫而尽，你的魅力也会因此而提高。

在很多企业中，常常有人被从管理者的位置上赶下来。其中的大部分人都是因为自己没有进一步发展，而驻足不前被人超越，最后丢失了原有的位置。这些人也许一开始有深厚的专业知识，后来没有用心去积累经验、学习才能，遇到工作也是马马虎虎、敷衍了事。试问，这种人怎么可能在领导者的位置上坐稳呢？

有些管理者时时注意身边的事务，随时随地学习研究，处处在意积累经验，他们能把自己的工作、自己的机构当作一所不断学习的学校。由于他们总肯努力钻研、刻苦磨炼，因此进步神速、成绩斐然。

一个明智的管理者随时随地都会注意提高自己的专业知识，任何事情他都想做得高人一筹；对于一切接触到的事物，他都能细心观察、留意研究，对重要的东西务必弄得一清二楚方肯罢休。他也随时随地把握机会来学习、磨炼、研究，更看重与自己前途有关的学习机会。在他看来，积累知识要远胜于积累金钱。

优秀的管理者总是随时随地都注意学习管理的方法和技巧。有些极小的事物，他也认为有学好的必要；对于任何做事的方法，他都要详细考察，探求其中获得成功的诀窍。如果他把所有这些事情都学会了，他所获得的内在财富要比那有限的薪水和现有的位置高出数倍，而他的个人感召力也会不断提升。

管理者一定要不断学习专业知识，这样才能在竞争激烈的职场中得到生存和发展，才能让自己拥有无穷的个人魅力，才能管理好自己的员工。

区别对待解决大事和小事的人物

人与人有很大的不同，有的人喜欢挑战性的工作，喜欢解决那些艰难的大问题，有的人喜欢轻松的工作，喜欢解决那些没有难度的小问题。通过一个人解决问题的能力，你可以掂出他本人的分量，然后区别对待，以发挥他的潜力。

在每个组织机构里，都有一些"解决小事"的人物，也有"解决大事"的人物。所谓"解决小事"的人，你一定会知道他们是怎样的一些人了。一般他看不清事情的先后顺序，但也许他是故意的。遇上了重要的事，他会专挑一些较小的、容易而不致太伤脑筋的事情去做。他分析那些小事，安排那些小事，忙着拨电话，使小事扩大，而且在备忘录上满满地登记下来。他可以花上半天时间，为找一本说明书忙得团团转，或是做些无谓的工作。而正在此刻，那些"解决大事"的人则可能已经解决了几件大事。

在企业界，从事"自我管理"的人越来越多。他们可以自己决定如何管理自己的时间，他们可以自己决定应做些什么、如何做以及什么时候做。在他们之中，有些人是"解决大事"的人，能从每分、每秒的时间中挤出一分价值来，并聚零为整。但也有人不仅在浪费他们自己的时间，而且还在浪费别人的时间。他们处理问题时，总喜欢把小问题说得津津有味。

有些公司花费可观的时间和金钱，想要选择优秀的人才。这样的公司，有他们一套经过精心设计的程序、报告、记录和测验方法。但你若要衡量一个人的分量，却不必多花那种时间和金钱。你只要给他一个机会，看看他喜欢解决哪一类的问题便能知道其分量了。由此你可以知道他的智慧如何、信心如何、与人相处的方法如何以及才能如何等等，这真是一项最快速、简单、精确和省时的衡量方法。

读到这里，作为管理者一定会希望自己的员工中能"解决大事"的人物越多越好，而仅能"解决小事"的人物越少越好。事实上，大多数人都喜欢解决较容易的问题，是因为它能令人愉快。但也有人喜欢处理艰难的问题，从而使自己得到锻炼和发展。只是这类人比较少。一旦你发现了一位善于"解决大事"的人，你可得紧紧抓住他，他可能就是一位你未来的左膀右臂。

当然，对于"解决小事"的人物，我们且慢给予过严的责备，也许那不是他的过错。也许他需要训练，也许他需要激励，或者他需要考验，或是他需要另换一项不同的工作。

每个人都有自己的优点，管理者要做的就是发挥他们的长处和优点、规避他们的短处和缺点。我们要注意的是，别将大问题交到那些"解决小事"的人手里。更要注意的是，将小问题交给"解决大事"的人手里，比将大问题交给"解决小事"的人手里还要糟。因为他们必将厌烦乏味，不仅会把兴趣转移到别的方面，而且还可能离你而去，那就等于糟蹋了人才。

对自己的思维"精耕细作"

一个企业管理者的思维是否有效，与其是否"精耕细作"有着直接关系。有些管理者对自己粗心大意、草率马虎，结果把有可能办成、办好的事情弄得七零八落；但是有些善于经营的人则不然，他们认真考虑每一个工作环节，绝不放过一个漏洞，总是让思考达到臻于完美的程度，这样他们做事就有了较大的成功概率。

鲍比从日本回到南非，想投资开设一家日本料理店。他跑遍了整个城市，看了无数房子，从中挑出了10个列为备选店。他将这10个备选店在位置、环境、布局等方面的优劣列成清单，反复比较，从中选出了3个。然后他再将这3个店的位置、环境、布局及服务内容等方面列成一个更为详细的调查表，委托一家信息咨询公司做市场调查，根据调查反馈，最后确定下了其中的一个。

店面确定后开始装修，鲍比向装修公司极其详细地讲述了他的意图。不仅店内所有的空间包括门厅、厨房、卫生间里的每一个角落他都不放过，而且，店外远至百米的路段他也做了精心布置，简直精细到了极点。

鲍比的一位朋友开始为其认真的态度所感动，继而就有些不耐烦了，进而觉得鲍比有些陌生，原来挺豪爽大气的一个人，几年不见，怎么竟变得婆婆妈妈、心细如针？装修好后，鲍比认为，这个店给人的第一感觉是舒服，第二感觉还是舒服，你能想到的他都想到了，你没想到的他也想到了。可他还是不放心，让朋友们帮他挑毛病。朋友们看着他，越发觉得他陌生了。从选店到装修，鲍比不仅多跑了许多路、多花了许多钱，更重要的是多花了许多时间。如果换成他们，早就营业赚钱了，可他还在这里挑毛病。

于是，一位朋友对鲍比说："挺好的，赶快开业吧，早开一天早收入一天。"

而鲍比则回答说："正式开业还要等一个星期，从明天开始，我请你带朋友来吃饭，全部免费。但有一条，每吃一次，至少要提一条意见。"

"为什么？"

"因为在日本，不能让客人等待超过5分钟，不能让客人有任何不满意的地方。现在开业，我没有把握，所以我付费请咨询公司替我找最挑剔的顾客来。如果你方便也请你来，多挑毛病，拜托了！"

"你也太认真了，这是在南非，不用这样。要我说，先开业，发现问题再说，现改也来得及。"

"不，我不能拿顾客做试验。在日本，我做过调查，开业最初10天进店的顾客基本上都是长期顾客，如果你在这10天留不住顾客，你就得关门。"

"为什么？一个新开的店，有不足是难免的，客人也会谅解的，下次改正就行了。"

"不，在日本，没有下次，只给你一次机会。我刚到日本和日本人交往时，觉得他们很傻，你说什么他都信，你如果想骗他其实很容易，但是他只给你骗一次，以后他就永远不会再和你来往了。在日本，只要是你由于本人的原因犯错，你就得走，你不能说：对不起，这次我错了，给我机会，我保证下次改。没有下次，只给你一次机会。"

鲍比的朋友突然明白了，他如此认真、如此精细，原来是这个看来没有什么了不起的料理店在鲍比看来仅次于其生命。因为他深深知道，这是他的第一个店，成败只此一次，没有下一次，更无下下次。因此，鲍比从始至终都对自己所做的事坚持"精耕细作"。他由此而成功，终于成为南非开普敦最大的"日本料理店"总经理。

管理者在处理问题的时候不能过于粗糙，相反，在一些具体问题上应该"精耕细作"，将问题考虑到最细的环节，才能做好管理工作。

急于求成是人们最容易犯的通病

任何思考都有一个必须要经过的过程，不可能一蹴而就。我们知道，急于求成是人们最容易犯的通病，他们不分轻重缓急，只凭个人的想法去做事，结果往往是欲速而不达。

和做任何事情一样，企业决策也要有轻重缓急。这是企业管理者应当把握住的问题。一个企业无论如何简单，无论管理如何有序，企业中有待完成的工作总是远远多于用现有的资源所能做的事情。因此，企业必须要有轻重缓急的决策，否则就将一事无成。而企业对自己之所知，对自己的经济特点、长处与短处、机会与需要的决策分析，恰恰也就反映在这些决定之中。

懂得轻重缓急的决策体现了企业管理者的远见和认真的程度，决定了企业的基本行为和战略。

机会和资源的最大化原则是指导企业确定轻重缓急的准则。除非少数几个实属第一流的资源，被满负荷地用于为数不多的几个突出的机会，就不能说企业的轻重缓急决策已被真正确定。尤其是那些真正重大的机会，即那些可以发挥潜能和那些可以创造未来的机会，必须得到挖掘该潜能所应得到的资源，即使是以放弃眼前利益作为代价也在所不惜。

有关企业的策划，企业的优势所在及其轻重缓急方面的几个关键性决策，它们既可在意识到其影响的情况下作出，也可作为某种紧急事件之后的亡羊补牢。它们既可出自最高管理层，也可出自基层的某个人，由于其一个技术细节的处理在事实上决定了企业的特性和方向。但是，不管以何种方式，不管出于何处，这些决策总会在企业中作出。没有这些决策，就没有任何行动能够真正发生。

虽然没有任何公式能为这些关键性的决策提供"正确"的答案，但是，倘若它们是随意之作，是在对它们的重要性茫然不清之下作出的，那么它们不可避免地将是错误的答案。要想获得正确答案的机会，这些关键性的决策都必须是有计划、系统地作出的。对此，企业的最高管理层责无旁贷。

轻者当缓，重者当急。关键决策，由于和企业生死攸关，更是一刻也不能忽视。

事实上，决策本身既是一件硬性工作，也是一件弹性工作，但不能固执行事，应该采取灵活的方法，控制好决策的过程，该先就先，该后就后。做点弹性处理也是企业管理者的智慧之所在。